APOSENTADORIA ESPONTÂNEA
e os seus efeitos no contrato de trabalho

A permanência do trabalhador idoso no emprego como prerrogativa dos direitos fundamentais da personalidade

*Análise sob as perspectivas do
Direito Constitucional e Civil do Trabalho*

Conselho Editorial
André Luís Callegari
Carlos Alberto Molinaro
Daniel Francisco Mitidiero
Darci Guimarães Ribeiro
Draiton Gonzaga de Souza
Elaine Harzheim Macedo
Eugênio Facchini Neto
Giovani Agostini Saavedra
Ingo Wolfgang Sarlet
Jose Luis Bolzan de Morais
José Maria Rosa Tesheiner
Leandro Paulsen
Lenio Luiz Streck
Paulo Antônio Caliendo Velloso da Silveira
Rodrigo Wasem Galia

W966a Wünsch, Guilherme.
Aposentadoria espontânea e os seus efeitos no contrato de trabalho: a permanência do trabalhador idoso no emprego como prerrogativa dos direitos fundamentais da personalidade: análise sob as perspectivas do direito constitucional e civil do trabalho / Guilherme Wünsch, Rodrigo Wasem Galia, Rosane dos Reis Kerber. – Porto Alegre: Livraria do Advogado Editora, 2014.

144 p. ; 23 cm.

Inclui bibliografia.

ISBN 978-85-7348-917-0

1. Direito do trabalho. 2. Aposentadoria espontânea. 3. Trabalho – Idosos. 4. Contrato de trabalho. 5. Direito constitucional. 6. Previdência social. I. Galia, Rodrigo Wasem. II. Kerber, Rosane dos Reis. III. Título.

CDU 349.22:368.4

CDD 344.01252

Índice para catálogo sistemático:
1. Direito do trabalho : Aposentadoria   349.22:368.4

(Bibliotecária responsável: Sabrina Leal Araujo – CRB 10/1507)

Guilherme Wünsch
Rodrigo Wasem Galia
Rosane dos Reis Kerber

APOSENTADORIA ESPONTÂNEA
e os seus efeitos no contrato de trabalho

A permanência do trabalhador idoso no emprego como prerrogativa dos direitos fundamentais da personalidade

*Análise sob as perspectivas do
Direito Constitucional e Civil do Trabalho*

Porto Alegre, 2014

©

Guilherme Wünsch
Rodrigo Wasem Galia
Rosane dos Reis Kerber
2014

Projeto gráfico e diagramação
Livraria do Advogado Editora

Revisão
Rosane Marques Borba

Direitos desta edição reservados por
Livraria do Advogado Editora Ltda.
Rua Riachuelo, 1300
90010-273 Porto Alegre RS
Fone/fax: 0800-51-7522
editora@livrariadoadvogado.com.br
www.doadvogado.com.br

Impresso no Brasil / Printed in Brazil

Dedicamos este trabalho a Deus, pela força e inspiração, aos nossos pais, pelos primeiros ensinamentos e pelo exemplo de honestidade, caráter e retidão, à nossa família amada, pela compreensão nas inúmeras ausências e pelo carinho e incentivo que sempre nos deram incondicionalmente.

Agradecimentos

Guilherme Wünsch:

Agradeço, inicialmente, a Deus, que me dá força e me sustenta, sempre. Às três pessoas mais importantes em minha vida: minha mãe, Sônia Maria Wathier Wünsch; meu pai, Mário Wünsch, e minha irmã, Caroline Wünsch. Nós, juntos, somos sempre um.

Não posso deixar de registrar o meu profundo agradecimento, reconhecimento e amizade ao amigo de escrita, Professor Doutor Rodrigo Wasem Galia. O meu imenso obrigado por todo o auxílio neste momento de minha vida profissional. Sem dúvida, és um dos amigos mais leais que tenho na academia e na vida, tornando essa caminhada muito mais tranquila. Uma honra estar neste projeto a teu convite, um dos grandes nomes, na atualidade, do Direito do Trabalho no Rio Grande do Sul e no Brasil, cujo reconhecimento é mais do que merecido.

À querida Rosane dos Reis Kerber, igualmente parceira de escrita, cujo sucesso já lhe é uma realidade e, sem dúvida, este livro só foi possível pelo teu trabalho e dedicação.

Ao Dr. Paulo Peretti Torelly, Procurador-Geral do Município de Canoas, a quem eu tenho profunda gratidão, porque sempre me apoiou nos meus projetos. Bravo!

Aos meus amigos de Procuradoria-Geral do Município de Canoas, porque somos fortaleza.

Aos Coordenadores do Curso de Direito da Universidade do Vale do Rio dos Sinos – UNISINOS –, Prof. Dr. Miguel Wedy, Prof. Dr. Guilherme de Azevedo, Prof. Dr. Tomás Grings Machado e Prof. Dr. André Luiz Olivier da Silva, pela confiança no meu trabalho, que me realiza, cotidianamente. Ainda, aos demais colegas professores e funcionários da Universidade.

Ao Prof. Dr. Francis Rafael Beck e sua esposa, Profª. Drª. Carolina Gralha Beck; ele, por ter demonstrado grande amizade e integridade; ela, por desenvolver a sua atividade na Magistratura do Trabalho com competência e humildade.

À Profª. Drª. Alessandra de Moraes Vieira Russo, Coordenadora do Curso de Direito da UNIRITTER de Porto Alegre, que me concedeu uma grande oportunidade para desenvolver meu trabalho na instituição.

À Profª. Drª. Roberta Verdi, pelas portas abertas na Especialização em Direito e Processo do Trabalho da Universidade de Caxias do Sul – UCS.

Ao Prof. Dr. Wilson Engelmann, meu orientador no Doutorado em Direito da UNISINOS e que sempre me foi fonte de inspiração de como se desenvolve um trabalho honesto na academia.

Á Profª. Drª. Taysa Schiocchet, que me acompanha desde a época do Mestrado em Direito na UNISINOS e me ensinou a ser perseverante e jamais desistir.

A todos os meus professores da Graduação em Direito do Centro Universitário Metodista IPA, em Porto Alegre, porque não posso deixar de mencionar que minhas vitórias foram lapidadas por vocês todos.

Agradeço, ainda, aos amigos da 24ª Vara do Trabalho de Porto Alegre, na pessoa da Drª. Vanda Iara Maia Müller

Por fim, à vida, que só me ensina. E eu só tento aprender.

Rodrigo Wasem Galia:

Aos meus queridos ex-alunos, Guilherme Wünsch e Rosane dos Reis Kerber, amigos, parceiros e colegas de escrita conjunta da presente obra, pela compreensão das dificuldades da vida jurídica, pelo apoio na construção da presente obra, pela dedicação que tiveram neste projeto. Uma dádiva de Deus ter acompanhado a trajetória do coautor e amigo Guilherme Wünsch, desde o tempo que foi meu aluno no IPA (2006), já brilhante, até o término de seu Mestrado em Direito na UNISINOS (2012), ingresso como professor na área trabalhista na UNISINOS (2013), aprovação no Doutorado em Direito da UNISINOS (2014) e, finalmente, ingresso na UniRitter (2014). Já a coautora e amiga Rosane dos Reis Kerber, minha ex-aluna na Pós-Graduação em Direito e Processo do Trabalho no IDC (2011-2012), excelente aluna, orientanda e advogada, com quem tive a honra de dividir a escrita da presente obra, além da admiração e carinho que tenho por ela.

À minha mãe, Zelanda Galia, por todo o afeto, carinho e suporte dado ao longo dessa trajetória, nos incansáveis momentos em que estive ausente dela, na dedicação ao presente livro, ao meu pai, Elias Roberto Galia, e ao meu irmão, Alessandro Galia, pelos inúmeros momentos de parceria e amizade ao longo da minha trajetória de vida.

Ao amigo Professor Maurício Góes, pelo apoio nas horas mais difíceis da minha trajetória acadêmica e pelo exemplo de profissional que é.

Ao Professor Fabrício Clamer, colega de IDC, amigo e pessoa de inestimável saber jurídico e extraordinário caráter, companheiro de trabalho há mais de três anos.

Aos Cursos Preparatórios às Carreiras Jurídicas do IDC, em especial ao Dr. Roberto Domingos Colpo, Dr. Marciano Colpo, professores e funcionários, ao Verbo Jurídico, em especial ao Dr. Ricardo Glimm, Dr. Nylson Paim, agradeço a todos pela confiança depositada no meu trabalho.

Agradeço também à UNISINOS, em especial aos Coordenadores de Curso, Dr. Miguel Wedy, Dr. Guilherme de Azevedo, Dr. Tomás Grings Machado e Dr. André Luiz Olivier da Silva, demais colegas professores e funcionários.

Ao Dr. Francis Rafael Beck, pelo apoio na época de Coordenador do Curso de Direito da UNISINOS e pela leal amizade que construímos, e à Dra. Carolina Gralha Beck, que muito nos orgulha em sua atividade jurisdicional trabalhista.

Aos Coordenadores do Curso de Direito do UNIRITTER, Dr. André Bencke e Dr. Diego Leite, pela bela acolhida que tive neste meu primeiro semestre de ingresso na instituição, acreditando no meu potencial de trabalho.

À Dra. Alessandra de Moraes Vieira Russo, Coordenadora do Curso de Direito da UNIRITTER de Porto Alegre, por ter aberto as portas para a seleção docente na UNIRITTER e por ser pessoa de ética inabalável, referência de conduta em nosso meio acadêmico.

Ao Professor Dr. Conrado Paulino da Rosa, amigo que conto nos momentos mais críticos da minha trajetória profissional, brilhante na defesa da família eudemonista.

À Dra. Denise Pires Fincato, pelas excelentes aulas de Direito do Trabalho no Doutorado da PUCRS e pelo exemplo de pessoa de fibra que, mesmo passando por problemas familiares, não deixou nunca de prestar assistência aos seus alunos do PPGD da PUCRS.

À Profª. Drª. Roberta Verdi, pelas oportunidade de trabalhar na Especialização em Direito e Processo do Trabalho da Universidade de Caxias do Sul – UCS.

Aos professores e colegas de doutorado da PUCRS, pelos inúmeros momentos compartilhados na busca da excelência profissional.

A Deus, que sempre me dá força e coragem para seguir em frente, mesmo quando os obstáculos pareçam intransponíveis.

Rosane dos Reis Kerber:

Primeiramente, agradeço ao meu marido, amigo e companheiro, Leandro Mottin Kerber, e à minha querida e amada filha, Raíssa Reis Mottin Kerber, que com muito carinho e dedicação, não mediram esforços e paciência para que eu pudesse realizar este projeto.

Ao querido amigo e mestre Professor Rodrigo Wasem Galia, pela orientação e incentivo que tornaram possível a conclusão deste trabalho.

Ao colega e parceiro de escrita Dr. Guilherme Wünsch, pelo apoio e participação na produção desta obra.

Agradeço a todos os professores que acompanharam minha jornada acadêmica, em especial, à Professora Letícia Loureiro Correa e aos coordenadores de curso, Professores José Tadeu Neves Xavier e Maurício de Carvalho Góes.

A Deus, pela força, perseverança e fé.

Convém não esquecer, contudo, que a realização nobre exige três requisitos fundamentais, a saber: primeiro, desejar; segundo, saber desejar; e, terceiro, merecer, ou, por outros termos, vontade ativa, trabalho persistente e merecimento justo.

(LUIZ, André (Espírito). *Nosso lar.* [Psicografado por] Francisco Cândido Xavier. 45. ed. Rio de Janeiro: Federação Espírita Brasileira, 1996. p. 49. Disponível em: <http://www. sej.org.br /livros/ lar_br.pdf>. Acesso em: 02 de fevereiro de 2014.)

Prefácio

Íntimos na origem, direito do trabalho e direito previdenciário têm evoluído de forma independente em seus sistemas legislativos, muitas vezes em descompasso ou relativos atrasos na disciplina de fatos e direitos comuns a serem tutelados.

Torna-se, assim, absolutamente oportuna a realização de um trabalho que tem como proposta unir em uma análise interdisciplinar esses dois ramos do direito com enfoque sobre um tema de disciplina comum.

A presente obra, ao examinar de forma muito pontual a aposentadoria espontânea e seus efeitos sobre a extinção compulsória do contrato de trabalho, o faz com um refinamento didático de fácil compreensão e leitura àqueles que buscam desvendar o intercâmbio de relações entre trabalho e previdência.

O refinamento com que o tema é abordado se constitui em marca particular dos autores da obra e reflete a competência e a dedicação dos mesmos em ampliar o universo doutrinário trabalhista. Nitidamente é possível ao leitor visualizar a clareza de linguagem e simplicidade didática do texto, marca dos trabalhos assinados pelo professor Rodrigo Wasem Galia, bem como a coerência e a oportunidade da análise interdisciplinar de diferentes ramos do direito, característica marcante do professor Guilherme Wünsch, ambos colegas de docência e caros amigos, afinados pela análise prática do tema por parte da advogada Rosane dos Reis Kerber, profissional militante que trouxe ao trabalho a visão prática construída nos Tribunais.

O trabalho que se apresenta contribuirá para fortalecer os conhecimentos de todos os profissionais do mundo jurídico e será de valor inestimável para o enriquecimento da doutrina previdenciária e trabalhista, bem como para a vida prática e profissional.

Uma boa leitura a todos.

Éverson Camargo

Advogado. Mestre em Direito pela PUCRS.
Professor de Direito Coletivo do Trabalho e Direito Previdenciário da
UNISINOS. Professor de Direito Processual Civil da UniRitter.

Sumário

1. Introdução 17

2. Extinção do contrato individual de trabalho 21

2.1. Causas de extinção do contrato individual de trabalho 21

    2.1.1. Resolução contratual 23

        2.1.1.1. Dispensa por justa causa 25

        2.1.1.2. Hipóteses de falta grave previstas nas alíneas do artigo 482 da Consolidação das Leis do Trabalho 27

        2.1.1.3. Despedida indireta 39

        2.1.1.4. Culpa recíproca 43

    2.1.2. Resilição contratual 44

    2.1.3. Rescisão contratual 48

    2.1.4. Outras formas de extinção do contrato de trabalho 50

2.2. Extinção do contrato de trabalho e aposentadoria: pontos convergentes e divergentes 57

3. Aposentadoria espontânea 67

3.1. Conceito 67

3.2. Natureza jurídica 68

3.3. Espécies de aposentadoria espontânea 69

3.4. Requisitos para a concessão da aposentadoria espontânea 73

4. A aposentadoria espontânea e efeitos trabalhistas 77

4.1. O artigo 453 da Consolidação das Leis do Trabalho 77

4.2. Os motivos e efeitos da declaração de inconstitucionalidade dos §§ 1º e 2º do artigo 453 da CLT 81

4.3. O posicionamento doutrinário e jurisprudencial acerca da aposentadoria espontânea e seus efeitos trabalhistas – antes e depois de 2006. Regra geral ... 89

    4.3.1. Aposentadoria espontânea – iniciativa de ruptura contratual – vício de consentimento não se presume 97

    4.3.2. Presunção de interesse do empregado na extinção contratual nos casos de percepção de complementação de aposentadoria 101

4.4. Vantagens criadas em regulamento empresarial no regime anterior: interpretação da norma 102

4.5. Empregado público – empresa pública e sociedade de economia mista – acumulação de proventos do INSS e remuneração..................................107

4.6. Servidor público celetista – estabilidade e aposentadoria espontânea............112

4.7. Aplicabilidade do limite de 70 anos de idade aos servidores públicos celetistas..117

5. O trabalho como um direito personalíssimo ao envelhecimento com dignidade ou sobre porque se pode afirmar a permanência do contrato de trabalho na aposentadoria espontânea como proteção ao idoso: uma leitura civil-trabalhista-constitucionalizada..121

6. Conclusão...135

Referências...141

1. Introdução

A aposentadoria espontânea e os seus efeitos e implicações no contrato de trabalho sempre foram alvo de discussões e interpretações na doutrina e na jurisprudência trabalhista.

O termo *aposentar-se*, também conhecido como jubilação, inatividade, ou até mesmo *retired*, do inglês, *retraité*, do francês, *jubilado* ou *retirado*, em espanhol, e *ritirarsi*, em italiano, significa, em princípio, parar de trabalhar, retirar-se do mercado de trabalho, abrir vaga.

Todavia, no Brasil, é notório que ao aposentar-se o jubilado não pensa em parar efetivamente de trabalhar, mas sim, ganhar outro vencimento mensalmente para seu sustento, tornando-se essencial a permanência do trabalhador no emprego. Isso se deve à situação socioeconômica de nosso país, em que grande parte da população sobrevive em condições precárias, buscando, assim, complementar sua renda familiar com o benefício da aposentadoria previdenciária.

A aposentadoria previdenciária é um benefício de pagamento continuado da previdência social, em seus regimes geral e próprio, desde que preenchidos os requisitos para a sua concessão.

Os tipos de aposentadoria encontram-se regulados pela Lei nº 8.213/91, que instituiu os Planos de Benefícios da Previdência Social, alterando o regime anterior, segundo o qual o desligamento do emprego constituía requisito para a concessão do referido benefício previdenciário. Destarte, a partir da atual legislação previdenciária, a obtenção da aposentadoria deixou de constituir causa de extinção do vínculo empregatício, havendo a possibilidade do empregado continuar com seu contrato de trabalho ininterruptamente, com a anuência do empregador, devido à bilateralidade do contrato de trabalho.

Entretanto, com base no *caput* do artigo 453 da Consolidação das Leis do Trabalho, o Tribunal Superior do Trabalho entendia que a aposentadoria espontânea extinguia automaticamente o contrato de trabalho, mesmo que o empregado permanecesse trabalhando após a concessão do benefício previdenciário, iniciando-se, nesta hipótese, um novo contrato de trabalho, sendo indevida a indenização de 40% sobre os depósitos fundiários em relação ao período anterior à aposentadoria.

A partir dos últimos meses do ano de 2006 – com o fundamento adotado pelo Supremo Tribunal Federal no julgamento das ADIs 1.770-4 e 1.721-3, nas quais declarou a inconstitucionalidade dos §§ 1º e 2º do artigo 453 da Consolidação das Leis do Trabalho –, houve uma guinada na jurisprudência trabalhista, como ilustra o cancelamento da OJ da SDI-1 177, do Tribunal Superior do Trabalho, e a Súmula 17 do Tribunal Regional do Trabalho da 4ª Região, e posterior edição da OJ SDI-1 361, do Tribunal Superior do Trabalho, sedimentando o entendimento de alguns doutrinadores de que a aposentadoria espontânea não é causa de extinção do contrato de trabalho.

Nesse contexto, o presente estudo desenvolverá uma abordagem acerca da aposentadoria espontânea e seus efeitos no contrato individual de trabalho, demonstrando o entendimento doutrinário e jurisprudencial antes e depois de 2006, realizando ainda, a análise de algumas situações especiais no que concerne aos efeitos da aposentadoria espontânea, bem como o posicionamento jurisprudencial em relação a essas especificidades. Ademais, defender-se-á que a manutenção do contrato de trabalho, mesmo nos casos de aposentadoria espontânea, coaduna-se com a contemporânea ideia de proteção à permanência do idoso no mercado de trabalho, como uma decorrência de seus direitos de personalidade.

Para o desenvolvimento do presente trabalho, o primeiro capítulo dedica-se à análise das causas de extinção do contrato individual de trabalho, utilizando-se, para tanto, a classificação adotada por Délio Maranhão, a qual indica a existência das hipóteses de resolução contratual, resilição contratual, rescisão contratual, reservando para um quarto grupo inominado os demais tipos existentes de ruptura do pacto laborativo, examinando cada uma de suas hipóteses isoladamente. Ao final deste capítulo, procura-se observar, exclusivamente, os pontos convergentes e divergentes da extinção contratual quando da concessão da aposentadoria previdenciária em suas modalidades espontânea, por invalidez e compulsória.

O momento seguinte destina-se ao estudo básico da aposentadoria espontânea: natureza jurídica, espécies e requisitos para a sua concessão. Não houve a pretensão de um maior aprofundamento nesta análise, por entender-se desnecessário para a finalidade do presente trabalho.

O terceiro capítulo dedica-se ao exame dos efeitos trabalhistas quando da concessão da aposentadoria espontânea. Preliminarmente, buscou-se interpretar a intenção do legislador na redação atual do artigo 453 do estatuto celetista, passando-se a seguir à análise dos motivos e efeitos da declaração de inconstitucionalidade dos §§ 1º e 2º, acrescentados ao artigo em comento, por força da Lei nº 9.528/97.

Após, demonstrar-se-á o posicionamento doutrinário e jurisprudencial acerca dos efeitos da aposentadoria espontânea no contrato individual de trabalho, considerando-se o marco de 2006, quando sedimentado o atual entendimento sobre o assunto.

Ainda, nos tópicos seguintes, serão analisadas algumas situações específicas concernentes aos efeitos da aposentadoria espontânea nos contratos de trabalho, no âmbito público e privado, demonstrando o entendimento doutrinário e jurisprudencial a respeito. Por fim, o livro busca refletir sobre a questão da permanência do contrato individual de trabalho nos casos de aposentadoria espontânea como uma das dimensões da dignidade humana e da proteção aos direitos da personalidade do trabalhador.

Depreende-se, pois, que o *caput* do artigo 453 do estatuto consolidado não se presta à disciplina dos efeitos da aposentadoria na continuidade do contrato, sendo necessária uma interpretação mais extensiva da matéria, restando evidente que a concessão da aposentadoria espontânea não extingue automaticamente o contrato de trabalho, permanecendo incólume o vínculo empregatício se as partes contratuais não se manifestarem contrariamente.

2. Extinção do contrato individual de trabalho

2.1. CAUSAS DE EXTINÇÃO DO CONTRATO INDIVIDUAL DE TRABALHO

Embora o legislador celetista tenha consagrado a utilização da expressão *rescisão* a fim de designar, genericamente, o fenômeno jurídico da extinção do contrato de trabalho, e prestigiado, de forma atécnica, o emprego indiscriminado dos termos *dispensa* e *demissão* como sinônimos, é de boa técnica distinguir as denominações mais adequadas às diversas modalidades possíveis ao término da relação de emprego.

Inicialmente, importa ressaltar que a distinção entre *demissão* e *despedida* ou *dispensa* está no sujeito que põe fim ao pacto laboral. Assim, a primeira ocorre por vontade do empregado, enquanto a última se dá por ato único do empregador.[1]

Quanto à expressão *rescisão*, a doutrina juslaboralista praticamente não destoa quando afirma que esta constitui uma das espécies da extinção do contrato de trabalho. Entretanto, há dissenso quanto às diversas terminologias do fenômeno pelo qual o contrato de trabalho deixa de existir em decorrência de diversas causas, quer por iniciativa das partes contratantes, quer por motivos estranhos e alheios à vontade de ambos. Destarte, diversas expressões são utilizadas: *dissolução, cessação, terminação* e *extinção*.

Orlando Gomes e Elson Gottschalk utilizam a expressão *dissolução* do contrato de trabalho, elencando como hipóteses que fazem cessar a relação de emprego a morte do empregado, a força maior, o advento de termo ou implemento da condição, a declaração de vontade de uma das partes e o distrato. *Extinção*, no entendimento dos autores em comento, significa a *morte natural do contrato*, que ocorre quando o contrato está exaurido, executado, ou seja, alcançou o seu objetivo. Já a

---

[1] SCHWARZ, Rodrigo Garcia. *Curso de iniciação do direito do trabalho*. Rio de Janeiro: Elsevier, 2011, p. 310-311.

dissolução toma o significado de *forma de ineficácia superveniente do contrato*, aventada sob as seguintes figuras: resolução, resilição ou rescisão (expressões sinônimas) e caducidade.[2]

Por sua vez, Evaristo de Moraes Filho e Antonio Carlos Flores de Moraes referem-se à morte do empregado, à aposentadoria espontânea/compulsória ou por invalidez, à rescisão sem justa causa, à rescisão causada por culpa recíproca ou por força maior, à extinção da empresa, à resolução com justa causa, ao pedido de demissão e à suspensão total do trabalhador avulso, como hipóteses de *cessação* do contrato de trabalho.[3]

Octávio Bueno Magano compartilha do mesmo entendimento que Evaristo de Moraes Filho e Antonio Carlos Flores de Moraes, valendo--se da denominação *cessação*, não obstante admita o uso do termo *extinção*, ou *rescisão* no mesmo sentido. Observa a utilização das palavras *cessação*, pela Lei do Contrato de Trabalho de Portugal, e *extinção*, pelo Estatuto dos Trabalhadores, na Espanha. Enumera como hipóteses de cessação do pacto laboral: o mútuo consenso das partes, o advento de termo ou terminação da obra, a morte do empregado, a força maior, a resolução pronunciada por decisão judicial, a aposentadoria e a rescisão unilateral (despedida ou demissão).[4]

Adotando o vocábulo *terminação* como gênero, Hugo Gueiros Bernardes considera como espécies a rescisão (na acepção que lhe dá o art. 477 da CLT), a nulidade, a anulabilidade, o termo, a condição, a aposentadoria do empregado, sua incapacidade ou inabilitação, sua morte, a falência da empresa, o *factum principis* e a força maior.[5]

Por fim, José Augusto Rodrigues Pinto fala em *extinção* do contrato de trabalho, elencando modos (resolução, rescisão, resilição e caducidade) e causas, que podem ser naturais ou provocadas (morte ou aposentadoria do empregado, dissolução da empresa, morte do empregador/pessoa física, advento de termo ou condição, força maior, *factum principis*, falta grave, demissão, transação, nulidade, vontade dos contratantes).[6]

---

[2] GOMES, Orlando; GOTTSCHALK, Elson. *Curso de direito do trabalho.* 16. ed. Rio de Janeiro: Forense, 2000, p. 396-400.

[3] MORAES FILHO, Evaristo de; MORAES, Antonio Carlos Flores de. *Introdução ao direito do trabalho.* 9. ed. São Paulo: LTr, 2003, p. 335-339.

[4] MAGANO, Octávio Bueno. *Manual de direito do trabalho.* 3. ed. São Paulo: LTr, 1988. v. 2, p. 275-278.

[5] BERNARDES, Hugo Gueiros. *Direito do trabalho.* São Paulo: LTr, 1989. v. 1, p. 391-393.

[6] PINTO, José Augusto Rodrigues. *Curso de direito individual do trabalho.* São Paulo: LTr, 2000, p. 483-486.

Não há como deixar de respeitar as críticas lançadas contra a utilização do termo *extinção* para definir o fim do pacto laboral, haja vista que para o Direito do Trabalho, os contratos são caracterizados por sua duração como *determinado* e *indeterminado*.

Destarte, a *extinção* do contrato ocorrerá pelo cumprimento da obrigação pactuada. Exaure-se o objeto do contrato de forma natural, atingindo a sua finalidade (modo normal). Contudo, o término da relação de emprego motivada por fatores anteriores, contemporâneos ou supervenientes, que impeçam a continuidade ou o cumprimento das obrigações contratadas, constitui forma de *dissolução*, que tanto pode manifestar-se por *resilição, revogação, resolução, rescisão* e por *força maior*, como doutrina Délio Maranhão, adequando ao ramo justrabalhista as formulações do jurista Henri de Page.[7]

Em última análise, considerando que: "[...] a relação de emprego nasce, vive, altera-se e morre".[8] o que interessa são os fatos geradores e a natureza das causas determinantes da extinção do contrato de trabalho na classificação de suas espécies.[9]

Para a elaboração do presente trabalho, seguir-se-á a classificação adotada por Délio Maranhão, bastante aceita pelos doutrinadores, a qual indica a existência das hipóteses de resolução contratual, resilição contratual, rescisão contratual, reservando para um quarto grupo inominado os demais tipos existentes de ruptura do pacto laborativo, analisando cada uma de suas hipóteses isoladamente.

2.1.1. Resolução contratual

A resolução do contrato de trabalho ocorre em razão de ato faltoso praticado por uma ou mesmo por ambas as partes do pacto laboral, materializando-se nas hipóteses de dispensa do empregado por justa causa ou falta grave, despedida indireta e culpa recíproca.[10]

Pode, ainda, ser fruto das vontades convergentes dos sujeitos contratuais, nos casos dos contratos a prazo determinado, quando ambos

---

[7] SUSSEKIND, Arnaldo; MARANHÃO, Délio; VIANNA, Segadas; TEIXEIRA, Lima. *Instituições de direito do trabalho*. 20. ed. atual. São Paulo: LTr, 2002, p. 553-556.

[8] NASCIMENTO, Amauri Mascaro. *Iniciação ao direito do trabalho*. 32. ed. São Paulo: LTr, 2006, p. 224.

[9] CAMINO, Carmen. *Direito individual do trabalho*. 4. ed. Porto Alegre: Síntese, 2003, p. 457.

[10] SARAIVA, Renato. *Direito do trabalho para concursos públicos*. 12. ed. Rio de Janeiro: Forense; São Paulo: Método, 2010, p. 250-251.

estipulam termo final ou prazo para implemento de condição resolutiva.[11]

Entretanto, oportuno ressaltar que, na hipótese de resolução antecipada do contrato por prazo determinado, a presença ou a ausência de cláusula assecuratória do direito recíproco de rescisão irá pautar os direitos e deveres das partes contratantes.

Destarte, na celebração do *contrato de trabalho por prazo determinado com cláusula assecuratória do direito recíproco de rescisão*, a denúncia antecipada do contrato, por qualquer das partes, reger-se-á pelos princípios norteadores da extinção dos contratos de trabalho por prazo indeterminado, cabendo, portanto, aviso-prévio na resolução antecipada no contrato de experiência, na forma do artigo 481[12] da Consolidação das Leis do Trabalho e Súmula 163[13] do Tribunal Superior do Trabalho.

No caso de ausência da referida cláusula, havendo a resolução antecipada do contrato de trabalho, aplica-se o disposto nos artigos 479[14] e 480[15] do estatuto consolidado. Assim, se a denúncia partir do empregador, este deverá indenizar o empregado por metade da remuneração que teria direito até o término do prazo estipulado no contrato; se a denúncia partir do empregado, este poderá ser obrigado a indenizar o empregador pelos prejuízos que deste fato lhe resultarem, não podendo tal montante indenizatório exceder ao valor que teria direito o empregado em idênticas situações.

Por derradeiro, a terminologia *resolução* também vem sendo empregada para os casos de cessação do contrato pela chamada "onerosidade excessiva", em razão de um ônus ou gravame imposto a uma das partes ou às partes, gerando a impossibilidade da execução do contra-

---

[11] CAMINO, Carmen. *Direito individual do trabalho*. 4. ed. Porto Alegre: Síntese, 2003, p. 461.

[12] "Art. 481. Aos contratos por prazo determinado, que contiverem cláusula assecuratória do direito recíproco de rescisão antes de expirado o termo ajustado, aplicam-se, caso seja exercido tal direito por qualquer das partes, os princípios que regem a rescisão dos contratos por prazo indeterminado." (Brasil, 2012b)

[13] Súmula nº 163 do TST: AVISO PRÉVIO. CONTRATO DE EXPERIÊNCIA (mantida) – Res. 121/2003, DJ 19, 20 e 21.11.2003. "Cabe aviso prévio nas rescisões antecipadas dos contratos de experiência, na forma do art. 481 da CLT" (ex-Prejulgado nº 42).

[14] "Art. 479. Nos contratos que tenham termo estipulado, o empregador que, sem justa causa, despedir o empregado será obrigado a pagar-lhe, a título de indenização, e por metade, a remuneração a que teria direito até o termo do contrato. Parágrafo único – Para a execução do que dispõe o presente artigo, o cálculo da parte variável ou incerta dos salários será feito de acordo com o prescrito para o cálculo da indenização referente à rescisão dos contratos por prazo indeterminado." (BRASIL, 2012b)

[15] "Art. 480. Havendo termo estipulado, o empregado não se poderá desligar do contrato, sem justa causa, sob pena de ser obrigado a indenizar o empregador dos prejuízos que desse fato lhe resultarem. § 1º – A indenização, porém, não poderá exceder àquela a que teria direito o empregado em idênticas condições. § 2º (Revogado pela Lei nº 6.533 de 24.5.1978)." (BRASIL, 2012b)

to laboral,[16] podendo tal norma ter utilidade em contextos de hiperinflação ou de desvalorização abrupta da moeda, quando a corrosão do poder de compra dos salários se tornar insuportável ao trabalhador, ensejando, sob tais circunstâncias, o ajuizamento de ação judicial postulando a *resolução* do contrato de trabalho, por iniciativa do empregado, desobrigando-o da concessão do aviso-prévio ao empregador.[17]

Observa-se a utilização do termo "resolução" do contrato nos artigos 475,[18] 478[19] e 479[20] do Código Civil.

2.1.1.1. Dispensa por justa causa

Considerando que o empregado é subordinado juridicamente ao empregador, pode o obreiro sofrer as seguintes sanções disciplinares: advertência (verbal ou escrita), suspensão disciplinar e dispensa por justa causa.

No presente estudo, importante ressaltar a diferença entre justa causa e falta grave.

Justa causa é o efeito emanado de ato ilícito do empregado que viola alguma obrigação legal ou contratual, explícita ou implícita, permitindo ao empregador, no exercício do poder disciplinar, a resolução do contrato de trabalho.[21]

Complementando essa ideia, Renato Saraiva aduz que:

[...] na justa causa há a quebra da boa-fé, confiança, poder de obediência e diligência, o que torna incompatível a continuidade da relação de emprego.[22]

No entendimento de Carmen Camino:

Justa causa consubstancia, basicamente, razão suficiente, de natureza disciplinar, para o empregador romper o vínculo contratual sem quaisquer ônus, exercitando o seu poder

---

[16] GARCIA, Gustavo Filipe Barbosa. *Curso de direito do trabalho*. São Paulo: Método, 2007, p. 352.

[17] MEIRELES, Edilton. *O novo código civil e o direito do trabalho*. São Paulo: LTr, 2002, p. 94.

[18] "Art. 475. A parte lesada pelo inadimplemento pode pedir a resolução do contrato, se não preferir exigir-lhe o cumprimento, cabendo, em qualquer dos casos, indenização por perdas e danos." (BRASIL, 2012m).

[19] "Art. 478. Nos contratos de execução continuada ou diferida, se a prestação de uma das partes se tornar excessivamente onerosa, com extrema vantagem para a outra, em virtude de acontecimentos extraordinários e imprevisíveis, poderá o devedor pedir a resolução do contrato. Os efeitos da sentença que a decretar retroagirão à data da citação." (BRASIL, 2012m).

[20] "Art. 479. A resolução poderá ser evitada, oferecendo-se o réu a modificar eqüitativamente as condições do contrato." (BRASIL, 2012m).

[21] CARRION, Valentin. *Comentários à consolidação das leis do trabalho*. 27. ed. atual. e ampl. por Eduardo Carrion. São Paulo: Saraiva, 2002, p. 358.

[22] SARAIVA, Renato. *Direito do trabalho para concursos públicos*. 12. ed. Rio de Janeiro: Forense; São Paulo: Método, 2010, p. 251.

disciplinar em limites extremos. É a punição máxima do empregado faltoso que, como consequência do ato ou da omissão praticados, perde o emprego.[23]

Destarte, justa causa é a forma de dispensa, e a falta grave é a conduta irregular do empregado.

A configuração da dispensa por justa causa depende da comprovação dos seguintes requisitos objetivos:

Tipicidade/Previsão legal: Não é qualquer ato faltoso que justifica a resolução contratual. Deverá existir correspondência entre a conduta praticada pelo empregado e a hipótese configuradora da dispensa por justa causa contida na lei trabalhista.[24]

O artigo 482 da Consolidação das Leis do Trabalho estabelece, de forma taxativa, as hipóteses de resolução do contrato de trabalho em razão de falta grave praticada pelo empregado.

Gravidade da falta: a conduta faltosa deve ser grave, e o dolo e a culpa do empregado devem ser apreciados no caso concreto, levando-se em conta, ainda, os fatores sociais, usos e costumes da sociedade em determinada época, entre outros.

Proporcionalidade da pena: a punição aplicada ao empregado deve ser proporcional à falta grave cometida.

Nesse sentido, Carolina Zimmer, Eugênio Hainzenreder Júnior e Maurício Góes lecionam:

> [...] o poder de aplicar a justa causa é decorrente do poder diretivo (poder disciplinar), no entanto deve o empregador utilizar punições mais brandas para atos menos graves, como advertência e suspensão. A despedida por justa causa é a penalidade máxima, por isso somente deve ser aplicada em casos extremos. Isso não significa que deve haver gradação na aplicação das penalidades, pois é perfeitamente possível aplicar a justa causa ao empregado que jamais recebeu outra punição, desde que a gravidade da falta justifique o afastamento imediato; [...][25]

O exercício do poder disciplinar pelo empregador exige cautela, já que a aplicação de penalidade demasiadamente severa pode macular o histórico laboral do empregado, impedindo que este obtenha novo posto de trabalho após a despedida. Assim, devem ser observados, sobretudo, os critérios de adequação, proporcionalidade e razoabilidade, de modo que a punição aplicada pelo cometimento da falta não exorbite tais limites.

---

[23] CAMINO, Carmen. *Direito individual do trabalho*. 4. ed. Porto Alegre: Síntese, 2003, p. 481.

[24] Conceito preliminar de tipicidade adotado por Damásio de Jesus: "[...] é a correspondência entre o fato praticado pelo agente e a descrição de cada espécie de infração contida na lei penal incriminadora." (JESUS, 2001, p. 260)

[25] ZIMMER, Carolina Mayer Spina; HAINZENREDER JÚNIOR, Eugênio; GÓES, Maurício de Carvalho. *Direito do trabalho e processo do trabalho*. Porto Alegre: Sapiens, 2010, p. 102-103.

Imediatidade: a penalidade deve ser aplicada após o conhecimento e a apuração da falta do empregado sob pena de caracterização do perdão tácito. A demora na aplicação da penalidade importa em renúncia pelo empregador ao direito de punir o obreiro.

Nexo de causalidade: somente poderá ser punido o autor da falta grave, ou quem concorreu, direta ou indiretamente, para que o gravame ocorresse. Vinculação entre a conduta do empregado e a falta grave.[26]

Singularidade da punição: Para cada falta somente se admite uma única punição (*non bis in idem*).

Renato Saraiva acrescenta ainda, como requisito subjetivo na configuração da justa causa, a comprovação da *conduta dolosa ou culposa (negligência, imprudência ou imperícia)* do empregado.[27]

Por derradeiro, impende realçar que as justas causas que autorizam o empregador a romper o pacto de trabalho motivadamente, enumeradas no art. 482 da CLT, devem resultar de grave falta praticada pelo trabalhador a tornar insuportável a continuidade do contrato de trabalho. Desta forma, exigem ser inequivocamente comprovadas em face do princípio da continuidade da relação de emprego e da melhor aptidão que o empregador detém para a prova, sendo ônus da reclamada a prova dos fatos que ensejaram a aplicação da punição do empregado.

2.1.1.2. Hipóteses de falta grave previstas nas alíneas do artigo 482 da Consolidação das Leis do Trabalho

Ato de Improbidade (art. 482, *a*).

Probo significa honesto. Destarte, improbidade é o ato doloso do empregado, comissivo ou omissivo, que atente ao patrimônio do empregador ou de terceiro, com o objetivo de alcançar vantagem para si ou para outrem, não importando o valor, mas sim, o ato do obreiro.

Nesse aspecto, Carmen Camino ressalta que caberá ao juiz, na análise do caso concreto, avaliar a extensão e a gravidade do ato ou da omissão praticados pelo empregado e socorrer-se dos ensinamentos do direito penal, analisando subsídios importantes – agravantes, exclu-

---

[26] ALMEIDA, André Luiz Paes de. *Direito do trabalho:* material, processual e legislação especial. 6. ed. São Paulo: Rideel, 2009, p. 156.

[27] SARAIVA, Renato. *Direito do trabalho para concursos públicos.* 12. ed. Rio de Janeiro: Forense; São Paulo: Método, 2010, p. 252.

dentes e atenuantes – com o intuito de caracterizar ou descaracterizar o ato de improbidade.[28]

Incontinência de Conduta ou Mau Procedimento (art. 482, *b*).

A tipificação por incontinência de conduta ou mau procedimento prevista como causa de justa resolução do contrato de trabalho pelo empregador se refere à prática de condutas culposas pelo empregado que ofendam a moral e comprometam a continuidade da relação de emprego, sobretudo em sua conduta social dentro e fora da empresa, conforme se depreende do julgado abaixo colacionado:

JUSTA CAUSA. AGRESSÃO A COLEGA DE TRABALHO. Em razão da gravidade da conduta e de sua repercussão direta no ambiente laboral, configura justa causa por mau procedimento a agressão praticada contra colega de trabalho na saída do expediente, ainda que na via pública, a cerca de 300 metros da sede do empregador.[29]

Incontinência de conduta é o desregramento do empregado ligado à sua vida sexual, que leva à perturbação do ambiente de trabalho ou prejudica o cumprimento de suas obrigações contratuais, como a prática de atos libidinosos no ambiente de trabalho e envio de *e-mail* pornográfico a colegas de trabalho,[30] bem como o assédio sexual e a prática de atos de pedofilia na empresa.[31]

Sobre o tema, Maurício Godinho Delgado leciona que:

Incontinência de conduta (alínea *b*, ab inítio). Consiste na conduta culposa do empregado que atinja a moral, sob o ponto de vista sexual, prejudicando o ambiente laborativo em suas obrigações contratuais. A falta está vinculada à conduta sexual imoderada, desregrada, destemperada ou, até mesmo, inadequada, desde que afete o contrato de trabalho ou o ambiente laborativo. Obviamente, que desaparecerá a justa causa se não se verificar a repercussão no emprego do trabalhador incontinente.[32]

Outrossim, Carmen Camino afirma que a incontinência de conduta poderá estar ligada à conduta do empregado a ponto de este perder a respeitabilidade e a boa reputação, considerando a qualificação da natureza da atividade exercida pelo empregado, bem como o seu local de trabalho e o círculo social de convivência, exemplificando o caso do

---

[28] CAMINO, Carmen. *Direito individual do trabalho*. 4. ed. Porto Alegre: Síntese, 2003, p. 483-484.

[29] Acórdão do processo 0000483-70.2010.5.04.0025 (RO). Redator: RAUL ZORATTO SANVICENTE Participam: VANIA MATTOS, ALEXANDRE CORRÊA DA CRUZ. Data: 12/04/2012. Origem: 25ª Vara do Trabalho de Porto Alegre.

[30] ZIMMER, Carolina Mayer Spina; HAINZENREDER JÚNIOR, Eugênio; GÓES, Maurício de Carvalho. *Direito do trabalho e processo do trabalho*. Porto Alegre: Sapiens, 2010, p. 104.

[31] SARAIVA, Renato. *Direito do trabalho para concursos públicos*. 12. ed. Rio de Janeiro: Forense; São Paulo: Método, 2010, p. 253.

[32] DELGADO, Maurício Godinho. *Curso de direito do trabalho*. 8. ed. São Paulo: LTr, 2009, p. 1098.

professor que se exibe em público, costumeiramente, com pessoas de má índole e que convive com indivíduos de reputação duvidosa.[33]

Por sua vez o mau procedimento é o comportamento incorreto do empregado com relação às normas morais de convívio social, excluída a sexual, prejudicando o ambiente de trabalho ou as obrigações contratuais do obreiro, sendo a mais ampla das justas causas, haja vista que qualquer conduta faltosa poderá ser enquadrada nessa hipótese, tais como pichar paredes do estabelecimento, dirigir veículo da empresa sem habilitação ou autorização, traficar ou utilizar-se de tóxico na empresa, entre outras.[34]

Negociação habitual por conta própria ou alheia sem permissão do empregador, e quando constituir ato de concorrência à empresa para a qual trabalha o empregado, ou for prejudicial ao serviço (art. 482, *c*).

Inicialmente, importante ressaltar que o dispositivo legal em estudo não impede que o trabalhador exerça mais de uma atividade, já que não é requisito do vínculo de emprego a exclusividade do empregado.

A lei veda a atividade produtiva paralela, sem autorização do empregador, que resulte em concorrência ao empregador ou que seja prejudicial à execução do contrato de trabalho, haja vista que entendimento diverso implicaria intolerável interferência na autonomia pessoal do empregado.

Complementando essa ideia, Wagner Giglio aduz que:

Constitui ponto pacífico na doutrina e jurisprudência, por isso, ser lícito ao empregado, como regra, trabalhar para mais de um empregador, ter dois ou mais empregos, ou, com maior razão, ser subordinado a uma empresa e, nas horas de folga, exercer outras atividades como trabalhador autônomo, ou até como empregador, desde que essas outras atividades não concorram com as do primeiro empregador nem sejam prejudiciais ao serviço contratado. A atividade será prejudicial quando acarretar uma diminuição do rendimento normal do subordinado, no serviço. O empregado que não comparece à empresa para cuidar de suas outras atividades, por exemplo, prejudica o serviço. Assim também acontece com aquele que se revela desatento por ter suas preocupações voltadas para suas próprias atividades extra-empresariais, causando uma baixa em sua produção normal. [...] Em conclusão: *haverá justa causa para o despedimento se o empregado, sem autorização do empregador, expressa por escrito ou verbalmente,* exercer de forma habitual, atividade concorrente, isto é, explorar o mesmo ramo de negócio, como subordinado de outro empregador, trabalhador autônomo ou como empresário,

---

[33] CAMINO, Carmen. *Direito individual do trabalho.* 4. ed. Porto Alegre: Síntese, 2003, p. 486.

[34] DELGADO, Maurício Godinho. *Curso de direito do trabalho.* 8. ed. São Paulo: LTr, 2009, p. 1098.

ou *exercer habitualmente outra atividade que, embora não concorrente, prejudique o exercício de suas funções na empresa.* [grifo nosso][35]

O consentimento do empregador desqualifica a justa causa. Assim, se o empregador sempre tolerou a realização por seu empregado, em suas horas de folga, de atividades idênticas às exercidas na empresa, tolerou reiterados atrasos e o descumprimento da integralidade da carga horária pelo empregado, em razão de o mesmo trabalhar em outro emprego, permitiu ou tolerou a negociação habitual de produtos diversos no ambiente de trabalho, causando desordem e prejudicando as atividades laborais do setor, não há como aplicar a justa causa.

Condenação criminal do empregado, passada em julgado, caso não tenha havido suspensão da execução da pena (art. 482, *d*).

A condenação criminal privativa de liberdade sem suspensão da execução da pena ou benefício concedido pela Justiça Criminal (*sursis, habeas corpus* e regime semiaberto) é fato objetivo que impede a execução do contrato de trabalho.

Diferentemente das demais justas causas – decorrentes de ato, omissão ou conduta social inadequada do empregado – a resolução contratual justificada nesta alínea somente será legal se constatados dois requisitos cumulativos: o trânsito em julgado da decisão penal e a reclusão do empregado, impedindo-o de exercer suas atividades laborais.[36]

Não é a condenação criminal transitada em julgado a causa determinante da resolução contratual – haja vista que a pena imposta poderá decorrer da prática de delito sem qualquer relação com o contrato de trabalho, como por exemplo, crime passional, atropelamento com vítima fatal, lesões corporais, entre outros –, mas sim a impossibilidade da execução do contrato de trabalho em razão da pena privativa de liberdade. Nesse aspecto, Carmen Camino aventa a possibilidade do prosseguimento do contrato de trabalho se o empregado condenado exerce suas atividades no âmbito domiciliar, cujo serviço possa ser realizado, sem nenhuma dificuldade, no próprio presídio, desde que haja permissão da autoridade competente.[37]

---

[35] GIGLIO, Wagner D. *Justa causa:* teoria, prática e jurisprudência dos arts. 482 e 483 da CLT. 2 ed. São Paulo: LTr, 1985, p. 93-99.

[36] ALMEIDA, André Luiz Paes de. *Direito do trabalho:* material, processual e legislação especial. 6. ed. São Paulo: Rideel, 2009, p. 160.

[37] CAMINO, Carmen. *Direito individual do trabalho.* 4. ed. Porto Alegre: Síntese, 2003, p. 498.

Desídia no desempenho das respectivas funções (art. 482, *e*).

A conduta desidiosa do empregado, como causa justificadora da resolução do contrato de trabalho prevista na alínea *e* do art. 482 da CLT, representa infração aos deveres de assiduidade, pontualidade e diligência na prestação dos serviços.

A desídia decorre da ação ou omissão culposa do empregado como a negligência, imprudência, imperícia, má vontade, displicência, desleixo, desatenção, indiferença, desinteresse, preguiça, entre outras. Excepcionalmente, poderá restar caracterizada em um só ato culposo muito grave. Todavia, se o ato for doloso, não se tratará de desídia, devendo ser enquadrada nas outras hipóteses de justa causa.[38]

Nas lições de Maurício Godinho Delgado, a desídia

[...] remete à ideia de trabalhador negligente, relapso, culposamente improdutivo. A desídia é a desatenção reiterada, o desinteresse contínuo, o desleixo contumaz com as obrigações contratuais.[39]

Carmen Camino leciona que a conduta desidiosa do trabalhador põe à prova o poder disciplinar do empregador que não poderá punir por atos passados nem tampouco aplicar dupla punição, medidas rechaçadas pela jurisprudência. Assevera que, mesmo sem punições anteriores, o quadro de desídia poderá ser caracterizado através de uma conduta pregressa marcada pela inexecução faltosa do contrato de trabalho, haja vista que "a tolerância do empregador não implica direito adquirido do empregado de ser desidioso", sendo que as punições anteriores apenas constituem circunstância agravante na caracterização da desídia.[40]

Destarte, a configuração da resolução contratual pela desídia impõe, via de regra, um comportamento repetido e contínuo do empregado, como por exemplo, repetidas faltas injustificadas, reiterados atrasos, falta de zelo nas tarefas laborais, ou seja, pequenas faltas que demonstrem a indolência e a morosidade do empregado. Na prática, tais atos desidiosos devem ser punidos, oportunamente, através de sanções disciplinares – advertência ou suspensão – sob pena de presumir-se que a conduta faltosa do obreiro era tolerada pelo empregador.[41]

---

[38] CARRION, Valentin. *Comentários à consolidação das leis do trabalho*. 27. ed. atual. e ampl. por Eduardo Carrion. São Paulo: Saraiva, 2002, p. 362.

[39] DELGADO, Maurício Godinho. *Curso de direito do trabalho*. 8. ed. São Paulo: LTr, 2009, p. 1194-1195.

[40] CAMINO, op. cit., p. 498-499.

[41] ZIMMER, Carolina Mayer Spina; HAINZENREDER JÚNIOR, Eugênio; GÓES, Maurício de Carvalho. *Direito do trabalho e processo do trabalho*. Porto Alegre: Sapiens, 2010, p. 105.

Embriaguez habitual ou em serviço (art. 482, *f*).

Inicialmente, cumpre esclarecer que a alínea *f* do art. 482 da CLT elenca dois tipos de faltas graves envolvendo o uso de álcool ou outro entorpecente pelo empregado: a embriaguez *habitual* e a embriaguez *em serviço*. Consoante leciona Sérgio Pinto Martins, "[...] o legislador usou a conjunção alternativa *ou* indicando que não são idênticas ou sinônimas as hipóteses, mas distintas".[42]

Em relação à embriaguez habitual, a moderna jurisprudência vem sustentando como solução o encaminhamento do trabalhador para tratamento médico (suspensão do contrato de trabalho), em lugar da punição disciplinar, dado o caráter sabidamente patológico do alcoolismo e a consequente importância da atenção do Estado e do empregador para esse grave problema social.

RECURSO DE REVISTA. ALCOOLISMO CRÔNICO. JUSTA CAUSA (NÃO CONFIGU-RAÇÃO). A decisão regional encontra-se em consonância com a pacífica jurisprudência desta Corte, no sentido de que o alcoolismo crônico é uma doença que deve ser tratada, e não motivo de punição para o empregado, capaz de ensejar a dispensa por justa causa. Incidência da Súmula nº 333 do TST. Recurso de Revista não conhecido.[43]

Sobre o assunto, Carmen Camino alerta sobre a incapacidade relativa dos ébrios habituais prevista no artigo 4º, inciso II,[44] do Código Civil, atraindo sua incidência ao direito do trabalho, por força do artigo 8º da Consolidação das Leis do Trabalho, concluindo pela incapacidade relativa do empregado portador de síndrome de dependência alcoólica ou tóxica, desde que o mesmo venha a sofrer a competente interdição. Assim, entende que seria prudente ao juiz do trabalho, diante de uma alegação de justa causa fundamentada na embriaguez habitual, providenciar a verificação das condições do reclamante, mediante perícia médica, a fim de constatar se a embriaguez habitual já é sintoma da síndrome de dependência alcoólica ou tóxica. Caso positivo, caberá ao juiz comunicar o Ministério Público do Trabalho, determinando a suspensão do processo, até que o juízo competente decida ou não pela interdição, visto que, se o empregado mostra-se relativamente incapaz para os atos civis, também será relativamente incapaz para a prática de falta disciplinar.[45]

---

[42] MARTINS, Sérgio Pinto. *Manual da justa causa*. 2. ed. São Paulo: Atlas, 2006, p. 110.

[43] RR 91900-72.2008.5.01.0247, Relatora Ministra: Maria de Assis Calsing, Data de Julgamento: 07/03/2012, 4ª Turma, Data de Publicação: 09/03/2012.

[44] "Art. 4º São incapazes, relativamente a certos atos, ou à maneira de os exercer: [...] II – os ébrios habituais, os viciados em tóxicos, e os que, por deficiência mental, tenham o discernimento reduzido; [...]" (BRASIL, 2012.)

[45] CAMINO, Carmen. *Direito individual do trabalho*. 4. ed. Porto Alegre: Síntese, 2003, p. 489-490.

A segunda hipótese, embriaguez em serviço, a qual possui caráter ocasional, consubstancia descumprimento do contrato de emprego e, dependendo da função ocupada pelo empregado, o estado de ebriedade no qual há o comparecimento ao trabalho pode comprometer significativamente a continuidade do pacto laboral. A esse respeito, leciona Maurício Godinho Delgado:

No caso de embriaguez em serviço, ela afeta diretamente o contrato de trabalho, sem dúvida. Em conformidade com a função do trabalhador (motorista ou segurança armado, por exemplo), esta afetação pode ser muito grave, uma vez que coloca em risco a saúde e bem-estar da própria coletividade, o que tende a ensejar a imediata dispensa por justa causa.[46]

Hipótese análoga também é referida por Sérgio Pinto Martins:

Motorista de ônibus que está embriagado no serviço pode ser dispensado por justa causa, mesmo que isso ocorra uma única vez, pois seu ato é muito grave. Coloca em risco não somente a si próprio, mas também os passageiros do ônibus e as pessoas que transitam por onde passa. Pode causar a morte de pessoas e prejuízos sérios ao empregador.[47]

Cumpre realçar o entendimento jurisprudencial nesse sentido:

Recurso do reclamante. Motorista carreteiro. Despedida por justa causa. Embriaguez em serviço. Caso em que o autor, motorista carreteiro, foi despedido por justa causa após provocar acidente de trânsito de consequências gravíssimas, fato causador da morte de duas pessoas e de mais três gravemente feridas, ficando comprovado que se encontrava, na ocasião, em estado de embriaguez. Através de exames clínicos e laboratoriais foi constatada a embriaguez alcoólica do reclamante no momento do acidente. Portanto, não há falar na invalidade da rescisão contratual procedida pela ré, vez que a embriaguez em serviço é hipótese típica de despedida por justa causa, prevista na alínea f do art. 482 da CLT. Recurso do autor a que se nega provimento.

Recurso da reclamada. Arguição de cerceamento de defesa. Dispensa da prova oral. Caso em que o julgador da origem dispensou a oitiva da testemunha convidada a depor pela ré, por entendê-la desnecessária. Mantém-se porque a reclamada pretendia provar a inexistência de fiscalização da jornada e do adimplemento dos valores devidos a título de diárias de viagens. Todavia, trouxe aos autos recibos que consignam o pagamento de horas extras, o que pressupõe o controle dos horários de trabalho. No tocante às diárias de viagens, a prova por excelência seria documental, e não testemunhal. Apelo não-provido.[48]

JUSTA CAUSA. EMBRIAGUEZ EM SERVIÇO. MOTORISTA DE CARRETA. A embriaguez em serviço, prevista na alínea f do art. 482 da CLT, constitui falta grave que au-

---

[46] DELGADO, Maurício Godinho. *Curso de direito do trabalho*. 8. ed. São Paulo: LTr, 2009, p. 1196-1197.

[47] MARTINS, Sérgio Pinto. *Manual da justa causa*. 2. ed. São Paulo: Atlas, 2006, p. 115.

[48] Acórdão do processo 0022600-19.2009.5.04.0404 (RO). Redator: Flavio Portinho Sirangelo. Participam: Maria da Graça Ribeiro Centeno, Marcelo Gonçalves de Oliveira. Data: 17/08/2011. Origem: 4ª Vara do Trabalho de Caxias do Sul.

toriza o rompimento do contrato de emprego por justa causa, principalmente quando o empregado desempenha função que lhe exige total e constante atenção e diligência em serviço, como a de motorista. Provimento negado.

HORAS EXTRAS. ATIVIDADE EXTERNA. Nos termos do inciso I do art. 62 da CLT, a exclusão do regime da duração do trabalho só é admitida quando a atividade externa for incompatível com a fixação de horário, situação não retratada nos autos. Provido, para condenar a ré ao pagamento de horas extras, diante da comprovada realização de jornada extraordinária.

INTERVALO INTERJORNADAS. NÃO-CONCESSÃO. O desrespeito ao art. 66 da CLT frustra o descanso assegurado ao trabalhador, razão pela qual é devida a remuneração pelo lapso intervalar não-usufruído, independentemente do direito à contraprestação do trabalho, por aplicação analógica do que dispõe o art. 71, § 4º, da CLT. Recurso provido.[49]

JUSTA CAUSA. Tendo o Tribunal Regional consignado o estado de embriaguez do reclamante, aliado à posse de arma de fogo, está caracterizada a falta grave capaz de justificar a dispensa por justa causa. Incólume o art. 482, alínea f, da CLT). Recurso de Revista de que não se conhece.[50]

Violação de segredo da empresa (art. 482, *g*).

Trata-se de infração do dever de fidelidade, praticada, em regra, por funcionários detentores de cargo de alta confiança.

É prática de caráter doloso. O empregado que, culposamente, revelar segredo industrial ou comercial da empresa será punido por desídia, haja vista a inexistência do elemento volitivo caracterizador do dolo.[51]

Segredos da empresa são todos os fatos, atos ou coisas de seu conhecimento exclusivo, que não possam ou não devam ser tornados públicos, sob o risco de lhe causar prejuízo. Constitui o tipo, a transmissão do segredo ou o seu uso, como estratégias de *marketing*, patentes de invenção, fórmulas de produtos comercializados com exclusividade pelo empregador, segredos industriais, negociações visando a incorporações, fusões ou cisões, entre outros. Se o processo ou método está ao alcance de todos, não ocorre a violação (ex: admitir que o diferencial de uma empresa é a venda por preços competitivos não é revelar segredo).

Desde que determinado por autoridade competente, a revelação não será ilícita. Atos ilícitos praticados pelo empregador, para auferir lucro em detrimento da comunidade em geral, não estão protegidos e não há obrigação de mantê-los em segredo.

---

[49] Acórdão do processo 0000241-30.2010.5.04.0731 (RO). Redator: Ana Rosa Pereira Zago Sagrilo. Participam: Wilson Carvalho Dias, José Cesário Figueiredo Teixeira. Data: 18/10/2011. Origem: 1ª Vara do Trabalho de Santa Cruz do Sul.

[50] RR 791-41.2010.5.12.0007, Relator Ministro: João Batista Brito Pereira, Data de Julgamento: 23/11/2011, 5ª Turma, Data de Publicação: 16/12/2011.

[51] CAMINO, Carmen. *Direito individual do trabalho*. 4. ed. Porto Alegre: Síntese, 2003, p. 495.

Ato de indisciplina ou de insubordinação (art. 482, *h*).

Implica infração ao dever de obediência do empregado, onde a indisciplina é gênero e a insubordinação, espécie.

Indisciplina é descumprimento de ordem do empregador, dirigidas de forma impessoal ao quadro geral de empregados através de regulamentos, instruções, ordens de serviço, recomendações ou atos afins (ex: inobservância das medidas de segurança imposta pelo empregador para adentrar em determinado setor da empresa, exigência de habilitação para condução de empilhadeira, proibição de fumar em certos locais, etc.). Insubordinação é a desobediência à determinada ordem pessoal dirigida a pequeno grupo ou diretamente ao empregado, quer quanto ao aspecto técnico, quer quanto ao aspecto pessoal (ex: não observância dos critérios para realização de determinado trabalho, como o transporte de uma máquina, utilização de determinado tipo de ferramenta).[52]

Na lição de Alice Monteiro de Barros: "[...] o empregado que pratica essas faltas [indisciplina e insubordinação] subverte a hierarquia interna da empresa e compromete sua organização".[53]

O empregado somente se insubordina a ordens legítimas do empregador. A desobediência à ordem ilícita não justificará a resolução do contrato de trabalho por justa causa.

Abandono de emprego (art. 482, *i*).

Configura-se pela ausência injustificada por, aproximadamente, trinta dias – conforme jurisprudência dominante baseando-se na legislação celetista, artigos 472, § 1º,[54] 474[55] e 853[56] –, podendo ser inferior,

---

[52] CARRION, Valentin. *Comentários à consolidação das leis do trabalho*. 27. ed. atual. e ampl. por Eduardo Carrion. São Paulo: Saraiva, 2002, p. 363.

[53] BARROS, Alice Monteiro de. *Curso de direito do trabalho*. 5. ed. rev. ampl. São Paulo: LTr, 2009, p. 869.

[54] "Art. 472. O afastamento do empregado em virtude das exigências do serviço militar ou de outro encargo público não constituirá motivo para a alteração ou rescisão do contrato de trabalho por parte do empregador. § 1º Para que o empregado tenha direito a voltar a exercer o cargo do qual se afastou em virtude de exigência do serviço militar ou de encargo público, é indispensável que notifique o empregador dessa intenção, por telegrama ou carta registrada, dentro do prazo máximo de trinta dias, contados da data em que se verificar a respectiva baixa ou a terminação do encargo a que estava obrigado." (BRASIL, 2012b).

[55] "Art. 474. A suspensão do empregado por mais de 30 dias consecutivos importa na rescisão injusta do contrato de trabalho." (BRASIL, 2012b).

[56] "Art. 853. Para a instauração do inquérito para apuração de falta grave contra empregado garantido com estabilidade, o empregador apresentará reclamação por escrito à Vara ou Juízo de Direito, dentro de 30 dias, contados da data da suspensão do empregado." (BRASIL, 2012b).

desde que outras circunstâncias comprovem a intenção de abandono (ex: admissão em novo emprego no mesmo horário do anterior).

Dois elementos devem estar presentes para a caracterização do abandono de emprego: o elemento objetivo consistente no real afastamento do empregado ao serviço, injustificadamente, por determinado lapso temporal; e o subjetivo, que se materializa pela intenção, o desejo, a clara intenção do empregado em não mais comparecer ao trabalho.

Destarte, após trinta dias contínuos de ausência injustificada,[57] a intenção de abandonar é presumida. Nesse caso, é do empregado o ônus da prova de que não tinha a intenção de abandonar o emprego. Caso haja um justo motivo, o período será considerado de suspensão.

A jurisprudência não vem reconhecendo como regular o convite de retorno ao trabalho feito por órgãos de imprensa, tendo em vista que o obreiro não tem obrigação de acompanhar os noticiários da imprensa escrita e falada, bem como porque, tal diligência expõe o empregado à censura pública, atingindo sua imagem, sendo passível de indenização por dano moral.[58] A convocação deverá ser feita por carta com aviso de recebimento, telegrama, notificação extrajudicial ou judicial, no endereço do trabalhador que é de conhecimento do empregador e não expõem o empregado à execração pública.

Ressalte-se que o abandono de serviço não é o mesmo que abandono de emprego. Aquele consiste em saída fora do horário estipulado ou contrariando ordens, podendo ensejar justa causa por insubordinação ou indisciplina, bem como restará configurada a desídia, caso as faltas injustificadas do empregado sejam descontínuas.

Ato lesivo da honra ou da boa fama praticado no serviço contra qualquer pessoa, ou ofensas físicas, nas mesmas condições, salvo em caso de legítima defesa, própria ou de outrem (art. 482, *j*).

Refere-se à injúria, calúnia, difamação e às agressões físicas praticadas contra terceiros, e não contra o empregador.

O ato pode ser praticado no estabelecimento ou onde a empresa exerça suas atividades (ex: empresa terceirizada, na sede do tomador dos serviços). Não é necessário que o trabalhador esteja em serviço, mas no âmbito da empresa ou submetido ao poder do empregador (ex: horas *in itinere*, na entrada ou saída do serviço).

---

[57] Entendimento jurisprudencial corroborado pelo TST, conforme Súmula 32: "Abandono de emprego. Presume-se o abandono de emprego se o trabalhador não retornar ao serviço no prazo de 30 (trinta) dias após a cessação do benefício previdenciário nem justificar o motivo de não o fazer".

[58] CAMINO, Carmen. *Direito individual do trabalho*. 4. ed. Porto Alegre: Síntese, 2003, p. 500.

A excludente (legítima defesa) só se justifica se a agressão sofrida for injusta e inevitável, e a defesa for atual e moderada. Sua prova cabe ao empregado.

Ato lesivo da honra ou da boa fama ou ofensas físicas praticadas contra o empregador e superiores hierárquicos, salvo em caso de legítima defesa, própria ou de outrem (art. 482, *k*).

Configura-se pela injúria, calúnia, difamação e agressões físicas praticadas contra o empregador ou superiores hierárquicos, sendo irrelevante onde e quando ocorre o ato faltoso. A legítima defesa, utilizada de forma moderada, exclui o tipo trabalhista.

Nesta hipótese, a justa causa poderá configurar-se mesmo que o contrato de trabalho esteja suspenso ou interrompido. Assim, mesmo em férias, se o empregado desentender-se com seu superior hierárquico, dirigindo-lhe ofensas morais, comete falta capaz de ensejar a resolução do contrato de trabalho por justa causa.[59]

Ainda, dependendo das atividades do empregado, sua conduta fora do ambiente de trabalho deve ser compatível às peculiaridades de seu cargo, sob pena de macular a imagem e a honra de seu empregador. Nesse sentido:

FISCAL DE TRÂNSITO. PRÁTICA DE INFRAÇÃO DE TRÂNSITO GRAVÍSSIMA. AMPLA REPERCUSSÃO PÚBLICA DO FATO. ATO LESIVO DA HONRA E DA BOA FAMA DA EMPREGADORA. JUSTA CAUSA CONFIGURADA. A prática de infração de trânsito gravíssima por parte de agente de trânsito encerra conduta incompatível com a moralidade do órgão público empregador, cuja missão institucional consiste justamente em zelar e punir tais condutas, configurando justa causa para a rescisão do contrato de trabalho fundada em falta grave com dupla motivação: incontinência de conduta ou mau procedimento (CLT, art. 482, *b*) e ato lesivo da honra e da boa fama da empregadora (CLT, art. 482, *k*), esta última, mais ainda, ante a ampla repercussão pública, em razão da gravidade dos fatos.[60]

Prática constante de jogos de azar (art. 482, *l*).

São os jogos em que o ganho e a perda dependam exclusiva ou principalmente da sorte.[61]

Para caracterização, requer habitualidade, apostas em dinheiro e que a conduta afete a relação ou o ambiente de trabalho, como no caso

---

[59] CAMINO, Carmen. *Direito individual do trabalho*. 4. ed. Porto Alegre: Síntese, 2003, p. 491.

[60] Acórdão do processo 0103700-14.2009.5.04.0010 (RO). Redator: Milton Varela Dutra. Participam: Emílio Papaléo Zin, Denise Pacheco. Data: 20/10/2011. Origem: 10ª Vara do Trabalho de Porto Alegre.

[61] Art. 50, 3º, alínea "a" do Decreto-Lei nº 3.688/41.

dos empregados que, durante a jornada de trabalho, insistem em jogar cartas ou dominó, apostando dinheiro.

Mesmo se tratando de jogos proibidos, praticados fora do ambiente de trabalho e sem lhe afetar, não justificam a dispensa motivada.

Atos atentatórios à segurança nacional (art. 482, parágrafo único).

Resquício da ditadura militar, esse dispositivo considera como justa causa para a dispensa do empregado a prática, devidamente comprovada em inquérito administrativo, de atos atentatórios à segurança nacional, como terrorismo, subversão etc.

Eduardo Saad entende que o inquérito administrativo deverá realizar-se perante a Justiça do Trabalho, onde o empregado poderá exercer amplamente sua defesa. Se comprovada a prática do crime resultando em pena de reclusão, haverá a impossibilidade material do cumprimento do contrato de trabalho.[62]

Entretanto, para alguns doutrinadores, o dispositivo não foi recepcionado pela Constituição.[63] Outros entendem que a norma em comento deve sofrer revisão, uma vez que, comprovado o ato atentatório à segurança nacional, a justa causa poderá ser enquadrada entre os atos de improbidade (alínea *a*) ou mau procedimento (alínea *b*).[64]

Outras hipóteses de justa causa não previstas no art. 482.

Embora pacífico que o rol constante no artigo 482 da Consolidação das Leis do Trabalho seja taxativo, cabe lembrar que o conjunto de infrações não se restringe ao contido no artigo em comento. Há outros casos previstos no Estatuto Consolidado e leis esparsas que consistem em faltas ensejadoras da resolução contratual por justo motivo, e que não podem ser ignoradas. São tipos jurídicos especiais, porque se referem aos trabalhadores em situações específicas ou integrantes de determinadas categorias.

---

[62] SAAD, Eduardo Gabriel. *Consolidação das leis do trabalho comentada*. 42. ed. rev. atual. São Paulo: LTr, 2009, p. 370.

[63] DELGADO, Maurício Godinho. *Curso de direito do trabalho*. 8. ed. São Paulo: LTr, 2009, p. 1199; CAMINO, Carmen. *Direito individual do trabalho*. 4. ed. Porto Alegre: Síntese, 2003, p. 502; SARAIVA, Renato. *Direito do trabalho para concursos públicos*. 12. ed. Rio de Janeiro: Forense; São Paulo: Método, 2010, p. 259.

[64] RUSSOMANO, Mozart Victor; RUSSOMANO, Victor Júnior; ALVES, Geraldo Magela. *Consolidação das leis do trabalho anotada*. 5. ed. Rio de Janeiro: Forense, 2003, p. 135.

Nesse contexto, destacam-se as seguintes hipóteses:

- a inobservância das normas de segurança e medicina do trabalho e, o não uso de EPIs (parágrafo único do artigo 158 da CLT);
- a recusa injustificada do ferroviário em executar serviços extraordinários nas situações de urgência ou acidente na linha férrea (parágrafo único do artigo 240 da CLT);
- desempenho insuficiente ou inadaptação do aprendiz ou sua ausência injustificada à escola que implique perda do ano letivo (artigo 433, incisos I e III da CLT);
- abstenção contumaz do bancário quanto ao pagamento de dívidas legalmente exigíveis (artigo 508 da CLT);
- os casos previstos na Lei nº 7.783/89 (ilícitos ou abusos cometidos pelos empregados no curso de greve);
- Lei nº 8.027/90 (faltas administrativas do servidor público, puníveis com demissão);
- Decreto-Lei nº 95.247/87 e Lei nº 7.418/85 (declaração falsa ou o uso indevido do Vale-Transporte).

2.1.1.3. Despedida indireta

A despedida indireta ocorre quando a falta grave é cometida pelo empregador, nas hipóteses do artigo 483 da Consolidação das Leis do Trabalho.

Os motivos que ensejam a justa causa do empregador prevista no artigo supracitado são os seguintes:

- exigir do empregado serviços superiores às suas forças, defesos por lei, contrários aos bons costumes, ou alheios ao contrato (alínea *a*):

O legislador considerou na tipicidade do dispositivo a exigência de serviços superiores à força física e intelectual do empregado. Cumpre destacar o artigo 390[65] da Consolidação das Leis do Trabalho, que estipula o peso máximo a ser demandado pela mulher e o menor na execução das tarefas que exijam esforço físico.

---

[65] "Art. 390. Ao empregador é vedado empregar a mulher em serviço que demande emprego de força muscular superior a vinte (20) quilos, para o trabalho contínuo, ou vinte e cinco (25) quilos, para o trabalho ocasional. Parágrafo único. Não está compreendida na determinação deste artigo a remoção de material feita por impulsão ou tração de vagonetes sobre trilhos, de carros de mão ou quaisquer aparelhos mecânicos." (BRASIL, 2012b)

O empregador não pode obrigar o empregado a laborar em atividades ilícitas ou que contrariem a moral e os bons costumes.

Quanto ao menor, o empregador não pode exigir o labor em serviço noturno, perigoso, insalubre e prejudicial à sua moralidade.[66]

Por fim, o empregador não poderá exigir do empregado a prestação de serviços alheios ao pacto laboral, como por exemplo, exigir que um caixa de supermercado limpe todo o estabelecimento ao final do expediente; que um marceneiro atue habitualmente como servente de limpeza ou pedreiro.

- tratar o empregado com rigor excessivo (alínea *b*);
- submeter o empregado a perigo manifesto de mal considerável (alínea *c*);

Consiste na exposição do empregado a situações anormais ao contrato de trabalho, em virtude da não adoção pelo empregador de medidas geralmente utilizadas ou de normas de medicina e segurança do trabalho, colocando em risco a saúde e integridade física do trabalhador.[67]

- deixar de cumprir as obrigações do contrato de trabalho (alínea *d*);

Considerando que a maior obrigação do empregador durante o contrato de trabalho é o pagamento de salários, o principal exemplo a configurar a despedida indireta prevista na alínea em comento refere-se ao atraso ou sonegação dos salários por período igual ou superior a três meses, a chamada "mora contumaz", prevista no artigo 2º, § 1º, do Decreto-Lei nº 368/68.[68]

Ressalta-se que o pagamento dos salários, em atraso, em audiência, não elide a mora, de acordo com a Súmula 13 do TST.[69]

Renato Saraiva assevera, ainda, que o descumprimento culposo pelo empregador de outras obrigações previstas no ordenamento jurídico vigente, nas convenções e acordos coletivos, nas sentenças nor-

---

[66] Art. 405 CLT e seus parágrafos.

[67] LACERDA, Dorval. *Falta grave no direito do trabalho*. Rio de Janeiro: Edições Trabalhistas, 1964, p. 289.

[68] "Art. 2º, § 1º Considera-se mora contumaz o atraso ou sonegação de salários devidos aos empregados, por período igual ou superior a três meses, sem motivo grave e relevante, excluídas as causas pertinentes ao risco do empreendimento." (BRASIL, 2012e)

[69] Súmula 13 TST: "O só pagamento dos salários atrasados em audiência não ilide a mora capaz de determinar a rescisão do contrato de trabalho".

mativas ou mesmo inseridas no contrato de trabalho, também enseja a despedida indireta.[70]

Nesse aspecto, pertinente o posicionamento de André Luiz Paes de Almeida quanto à possibilidade da despedida indireta quando do não recolhimento do FGTS durante o pacto laboral, argumentando em síntese que: o empregado pode sacar seu FGTS durante o pacto laboral, como, por exemplo, na aquisição de sua casa própria; não obstante a obrigação do FGTS possua caráter legal e não contratual, trata-se de uma obrigação legal acessória da contratual, pois só existirá em decorrência do contrato de emprego, devendo obedecer ao critério de que o acessório segue o principal.[71]

Corroborando tais entendimentos:

RESCISÃO DO CONTRATO POR DESPEDIDA INDIRETA. DENÚNCIA DO CONTRATO POR INADIMPLEMENTO DAS OBRIGAÇÕES PATRONAIS. FALTA GRAVE DO EMPREGADOR. CONFIGURAÇÃO. CABIMENTO. O descumprimento patronal de diversas obrigações contratuais – não fornecimento de cestas básicas; pagamento de salário "por fora", com sonegação de todas as incidências legais e contratuais decorrentes – encerra falta grave patronal a legitimar a denúncia cheia do contrato pelo empregado por despedida indireta.[72]

RECURSO ORDINÁRIO DA RECLAMANTE. CONVERSÃO DO "PEDIDO DE DEMISSÃO" EM "RESCISÃO INDIRETA". EMPREGADA GESTANTE. DANOS MORAIS. Cenário dos autos que noticia o cometimento de falta grave por parte da reclamada, havendo a conclusão de que, se a mora no pagamento do salário enseja a resolução indireta do contrato, com mais propriedade a ocorrência de descontos indevidos relativos a dias em que a reclamante faltou ao serviço justificadamente. Ciente de ter a autora se ausentado do labor em razão de problemas de saúde, não poderia a reclamada ter efetuado os descontos anunciados nos recibos de pagamento. Devida a reversão do "pedido de demissão" em despedida sem justa causa, fazendo jus a autora, ainda, à indenização por danos morais, diante da conduta reprovável da empresa, que efetuou descontos indevidos em seu salário, mormente considerando o estado gravídico em que a obreira se encontrava, a qual, de resto, teve interrompida a sua gestação. Embora não seja possível afirmar ter o comportamento da ré contribuído para o aborto, certo que causou angústia e preocupação na reclamante, sentimentos que não deveriam ser experimentados pela trabalhadora gestante.[73]

---

[70] SARAIVA, Renato. *Direito do trabalho para concursos públicos.* 12. ed. Rio de Janeiro: Forense; São Paulo: Método, 2010, p. 262.

[71] ALMEIDA, André Luiz Paes de. *Direito do trabalho:* material, processual e legislação especial. 6. ed. São Paulo: Rideel, 2009, p. 175-176.

[72] Acórdão do processo 0000880-81.2010.5.04.0332 (RO). Redator: Milton Varela Dutra. Participam: Denise Pacheco, Wilson Carvalho Dias. Data: 16/02/2012. Origem: 2ª Vara do Trabalho de São Leopoldo.

[73] Acórdão do processo 0000056-93.2011.5.04.0007 (RO). Redator: Alexandre Corrêa da Cruz. Participam: Vania Mattos, Raul Zoratto Sanvicente. Data: 26/04/2012. Origem: 7ª Vara do Trabalho de Porto Alegre.

RESCISÃO INDIRETA. O reiterado descumprimento das obrigações contratuais – como atraso no pagamento dos salários e ausência dos recolhimentos dos FGTS – autoriza a rescisão indireta do contrato de trabalho pelo empregado. Aplicação do artigo 483, letra "d" da CLT.[74]

RESCISÃO INDIRETA DO CONTRATO DE TRABALHO. FALTA GRAVE. Caso em que o empregado, embora formalmente contratado para o cargo de "Fiscal de Caixa", foi promovido a "Encarregado de Seção", função de maior remuneração na empresa, sem o pagamento da diferença salarial respectiva, o que configura a justa causa do empregador prevista no art. 483, *d*, da CLT (descumprimento contratual). Desprovido o recurso da reclamada.[75]

- praticar contra o empregado ou pessoas de sua família ato lesivo da honra e boa fama (alínea *e*);

Trata-se da injúria, calúnia e difamação, enquadradas como ofensas morais praticadas pelo empregador ou prepostos, dentro ou fora do ambiente de trabalho.

- ofender fisicamente o empregado ou pessoas de sua família, salvo em caso de legítima defesa própria ou de outrem (alínea *f*);
- reduzir unilateralmente o trabalho do empregado, sendo este por peça ou tarefa, de forma a afetar sensivelmente a sua remuneração (alínea *g*).
- quando a empresa não tomar as medidas possíveis e recomendadas pela autoridade competente para que o menor mude de função (parágrafo único do artigo 407).

O empregado que tem seu direito violado deve postular em juízo, através de reclamação trabalhista, a rescisão indireta do contrato de trabalho, haja vista que a caracterização da justa causa praticada pelo empregador, e a consequente resolução do contrato dependerá de sentença judicial prolatada na respectiva ação trabalhista.

Ressalta-se que somente em duas hipóteses o empregado poderá aguardar o julgamento da ação trabalhista em serviço, consoante o que estabelece o § 3º do artigo 483 da CLT:

- hipótese da alínea *d*: quando o empregador deixa de cumprir as obrigações do contrato de trabalho;

---

[74] Acórdão do processo 0000092-78.2010.5.04.0102 (RO). Redator: Ricardo Tavares Gehling. Participam: Hugo Carlos Scheuermann, João Pedro Silvestrin. Data: 02/06/2011. Origem: 2ª Vara do Trabalho de Pelotas.

[75] Acórdão do processo 0079600-92.2009.5.04.0010 (RO). Redator: Marçal Henri dos Santos Figueiredo. Participam: Maria da Graça Ribeiro Centeno, Marcelo Gonçalves de Oliveira. Data: 20/07/2011. Origem: 10ª Vara do Trabalho de Porto Alegre.

- hipótese de alínea *g*: quando o empregador reduzir unilateralmente o trabalho do empregado, sendo este por peça ou tarefa, de forma a afetar sensivelmente a sua remuneração.

Nas demais hipóteses do artigo 483 da CLT, o empregado deverá afastar-se do serviço,[76] sob pena de restar configurado o perdão tácito com relação à falta cometida pelo empregador, levando à improcedência do pedido.[77] Tal entendimento, entretanto, não é pacífico à luz da doutrina e da jurisprudência, por entenderem que o julgador deverá analisar o caso concreto.[78]

Uma vez configurada a resolução contratual por justa causa do empregador, o reclamante terá direito a todas as verbas rescisórias como se tivesse sido imotivadamente dispensado, inclusive aviso-prévio, conforme § 4[o79] do artigo 487 da Consolidação das Leis do Trabalho. Entretanto, se o magistrado concluir pela improcedência da despedida indireta, tendo o empregado se afastado do emprego, entende a doutrina e a jurisprudência majoritária que esse ato equivalerá a um pedido de demissão do obreiro.

2.1.1.4. Culpa recíproca

A culpa recíproca, prevista no artigo 484[80] da Consolidação das Leis do Trabalho, ocorre quando tanto o empregado quanto o empregador cometem falta grave tipificada, respectivamente, nas hipóteses dos artigos 482 e 483 consolidados, justificando a resolução contratual.

Sobre a culpa recíproca impende destacar as lições de Maurício Godinho Delgado:

> Ambas praticam, com certa simultaneidade, justa causa (arts. 482 e 483 da CLT). Cada uma destas faltas seria apta, isoladamente, para provocar, de modo culposo, o término do pacto: contudo, regra geral, na culpa recíproca, a segunda infração cometida seja pelo empregador, seja pelo empregado, desponta em conexão com a primeira falta pra-

---

[76] SARAIVA, Renato. *Direito do trabalho para concursos públicos.* 12. ed. Rio de Janeiro: Forense; São Paulo: Método, 2010, p. 263; ZIMMER, Carolina Mayer Spina; HAINZENREDER JÚNIOR, Eugênio; GÓES, Maurício de Carvalho. *Direito do trabalho e processo do trabalho.* Porto Alegre: Sapiens, 2010, p. 109.

[77] ALMEIDA, André Luiz Paes de. *Direito do trabalho:* material, processual e legislação especial. 6. ed. São Paulo: Rideel, 2009, p. 173.

[78] CARRION, Valentin. *Comentários à consolidação das leis do trabalho.* 27. ed. atual. e ampl. por Eduardo Carrion. São Paulo: Saraiva, 2002, p. 367-368.

[79] "Art. 487, § 4º É devido o aviso prévio na despedida indireta." (BRASIL, 2012b).

[80] "Art. 484. Havendo culpa recíproca no ato que determinou a rescisão do contrato de trabalho, o Tribunal do Trabalho reduzirá a indenização à que seria devida em caso de culpa exclusiva do empregador, por metade." (BRASIL, 2012b).

ticada pela contraparte da relação de emprego. Esta conjugação de infrações de origem diversa, mas tendencialmente conexas entre si, configura a culpa recíproca.[81]

Exemplificando:

CULPA RECÍPROCA. As faltas cometidas e descritas na advertência e suspensões aplicadas, e a reiteração da conduta de insubordinação, devidamente comprovadas, caracterizam a falta grave da empregada. De outro lado, constatado o abuso no exercício do poder diretivo do empregador, quer quanto à negativa injustificada em receber atestados médicos, quer quanto à proibição de uso do banheiro em horário de serviço, resulta presente a hipótese de culpa recíproca.[82]

Caracterizada a culpa recíproca em um contrato por prazo indeterminado, o empregado fará jus, a título de indenização compensatória, a metade dos 40% do montante dos depósitos fundiários, conforme artigo 18, § 2º,[83] da Lei 8.036/90 e artigo 484 da Consolidação das Leis do Trabalho (CLT).

Por derradeiro, impende destacar que a Súmula 14 do TST confere ao empregado o direito a cinquenta por cento do valor do aviso-prévio, do décimo terceiro salário e das férias proporcionais, quando do reconhecimento da culpa recíproca.

2.1.2. Resilição contratual

O distrato e a resilição contratual estão previstos nos artigos 472[84] e 473[85] do Código Civil.

Ocorre a resilição contratual quando uma ou ambas as partes resolvem, imotivadamente ou sem justo motivo, romper o pacto de emprego.

A resilição do contrato de trabalho pode ser unilateral/denúncia (dispensa sem justa causa e pedido de demissão) ou bilateral/distrato (mútuo consentimento).[86]

---

[81] DELGADO, Maurício Godinho. *Curso de direito do trabalho*. 8. ed. São Paulo: LTr, 2009, p. 1218.

[82] Acórdão do processo 0000703-05.2010.5.04.0531 (RO). Redator: Maria Inês Cunha Dornelles. Participam: Beatriz Renck, José Cesário Figueiredo Teixeira. Data: 13/07/2011. Origem: Vara do Trabalho de Farroupilha.

[83] "Art. 18, § 2º Quando ocorrer despedida por culpa recíproca ou força maior, reconhecida pela Justiça do Trabalho, o percentual de que trata o § 1º será de vinte por cento." (BRASIL, 2012j).

[84] "Art. 472. O distrato faz-se pela mesma forma exigida para o contrato." (BRASIL, 2012m).

[85] "Art. 473. A resilição unilateral, nos casos em que a lei expressa ou implicitamente o permita, opera mediante denúncia notificada à outra parte. Parágrafo único: Se, porém, dada a natureza do contrato, uma das partes houver feito investimentos consideráveis para a sua execução, a denúncia unilateral só produzirá efeito depois de transcorrido prazo compatível com a natureza e o vulto dos investimentos." (BRASIL, 2012m).

[86] GARCIA, Gustavo Filipe Barbosa. *Curso de direito do trabalho*. São Paulo: Método, 2007, p. 352.

A resilição opera efeitos mediante denúncia notificada à outra parte, conforme artigo 473, *caput*, do Código Civil, o que na esfera trabalhista tem disciplina própria prevista nos artigos 487 a 491[87] da Consolidação das Leis do Trabalho.

No que respeita ao parágrafo único do artigo 473 do Código Civil, Edilton Meireles defende que essa regra se aplicaria ao Direito do Trabalho em casos como o do empregado que custeia curso de aperfeiçoamento ou treinamento, com o intuito de aprimoramento e preparo no exercício das tarefas exigidas pelo empregador; quando o empregado necessita adquirir veículo próprio para ser contratado (motoboy, por exemplo); ou empregado que realiza despesas de mudança e transporte para poder assumir emprego em local distante de sua residência; ou ainda, nos casos em que o empregador investe no empregado, custeando-lhe cursos de aperfeiçoamento, inclusive no exterior. Nesses casos, havendo denúncia unilateral do contrato logo após os investimentos, poder-se-ia assegurar à parte lesada a prorrogação do contrato por prazo compatível com a natureza e o montante dos valores despendidos.[88]

Cumpre registrar que a resilição contratual por mútuo consentimento das partes não está expressamente regulamentada na legislação

---

[87] "Art. 487. Não havendo prazo estipulado, a parte que, sem justo motivo, quiser rescindir o contrato deverá avisar a outra da sua resolução com a antecedência mínima de: I – oito dias, se o pagamento for efetuado por semana ou tempo inferior; II – trinta dias aos que perceberem por quinzena ou mês, ou que tenham mais de 12 (doze) meses de serviço na empresa. § 1º A falta do aviso prévio por parte do empregador dá ao empregado o direito aos salários correspondentes ao prazo do aviso, garantida sempre a integração desse período no seu tempo de serviço. § 2º A falta de aviso prévio por parte do empregado dá ao empregador o direito de descontar os salários correspondentes ao prazo respectivo. § 3º Em se tratando de salário pago na base de tarefa, o cálculo, para os efeitos dos parágrafos anteriores, será feito de acordo com a média dos últimos 12 (doze) meses de serviço. § 4º É devido o aviso prévio na despedida indireta. § 5º O valor das horas extraordinárias habituais integra o aviso prévio indenizado. § 6º O reajustamento salarial coletivo, determinado no curso do aviso prévio, beneficia o empregado pré-avisado da despedida, mesmo que tenha recebido antecipadamente os salários correspondentes ao período do aviso, que integra seu tempo de serviço para todos os efeitos legais. Art. 488. O horário normal de trabalho do empregado, durante o prazo do aviso, e se a rescisão tiver sido promovida pelo empregador, será reduzido de 2 (duas) horas diárias, sem prejuízo do salário integral. Parágrafo único: É facultado ao empregado trabalhar sem a redução das 2 (duas) horas diárias previstas neste artigo, caso em que poderá faltar ao serviço, sem prejuízo do salário integral, por 1 (um) dia, na hipótese do inciso I, e por 7 (sete) dias corridos, na hipótese do inciso II do art. 487 desta Consolidação. Art. 489. Dado o aviso prévio, a rescisão torna-se efetiva depois de expirado o respectivo prazo, mas, se a parte notificante reconsiderar o ato, antes de seu termo, à outra parte é facultado aceitar ou não a reconsideração. Parágrafo único: Caso seja aceita a reconsideração ou continuando a prestação depois de expirado o prazo, o contrato continuará a vigorar, como se o aviso prévio não tivesse sido dado. Art. 490. O empregador que, durante o prazo do aviso prévio dado ao empregado, praticar ato que justifique a rescisão imediata do contrato, sujeita-se ao pagamento da remuneração correspondente ao prazo do referido aviso, sem prejuízo da indenização que for devida. Art. 491. O empregado que, durante o prazo do aviso prévio, cometer qualquer das faltas consideradas pela lei como justas para a rescisão, perde o direito ao restante do respectivo prazo." (BRASIL, 2012b).

[88] MEIRELES, Edilton. *O novo código civil e o direito do trabalho*. São Paulo: LTr, 2002, p. 93.

trabalhista, haja vista os princípios protetivos vinculados ao Direito do Trabalho, bem como pelo fato de não ser permitido o levantamento do FGTS, conforme artigo 20 da Lei 8.036/90.[89]

Entretanto, o distrato vem sendo utilizado nos chamados Planos de Demissão Voluntária (PDV), nos quais são garantidos aos empregados todos os direitos atinentes à dispensa imotivada, somando-se a isso um *plus* salarial a fim de incentivar a adesão ao plano.[90]

Porém, impende ressaltar que a extinção do contrato oriunda da adesão ao plano de demissão voluntária implica quitação, exclusivamente, das parcelas e valores constantes no recibo.

Sobre o assunto, destacam-se as seguintes Orientações Jurisprudenciais do Tribunal Superior do Trabalho:

207. PROGRAMA DE INCENTIVO À DEMISSÃO VOLUNTÁRIA. INDENIZAÇÃO. IMPOSTO DE RENDA. NÃO INCIDÊNCIA – DJ 20.04.2005
A indenização paga em virtude de adesão a programa de incentivo à demissão voluntária não está sujeita à incidência do imposto de renda.

270. PROGRAMA DE INCENTIVO À DEMISSÃO VOLUNTÁRIA. TRANSAÇÃO EXTRAJUDICIAL. PARCELAS ORIUNDAS DO EXTINTO CONTRATO DE TRABALHO. EFEITOS (inserida em 27.09.2002)
A transação extrajudicial que importa rescisão do contrato de trabalho ante a adesão do empregado a plano de demissão voluntária implica quitação exclusivamente das parcelas e valores constantes do recibo.

356. PROGRAMA DE INCENTIVO À DEMISSÃO VOLUNTÁRIA (PDV). CRÉDITOS TRABALHISTAS RECONHECIDOS EM JUÍZO. COMPENSAÇÃO. IMPOSSIBILIDADE (DJ 14.03.2008)
Os créditos tipicamente trabalhistas reconhecidos em juízo não são suscetíveis de compensação com a indenização paga em decorrência de adesão do trabalhador a Programa de Incentivo à Demissão Voluntária (PDV).

Pertinente realçar, ainda, algumas decisões do Tribunal Superior do Trabalho:

INDENIZAÇÃO ADICIONAL. PLANO DE DEMISSÃO VOLUNTÁRIA. ADESÃO. A adesão ao plano de demissão voluntária instituído pela empresa não caracteriza dispensa sem justa causa, mas regular acordo de vontades, em que uma parte propôs determinadas condições e a outra aderiu a elas por livre manifestação de vontade. Dessa forma, não é devido o pagamento da indenização adicional prevista no art. 9º da Lei 7.238/84. Recurso de Embargos de que se conhece e a que se dá provimento.[91]

---

[89] ZIMMER, Carolina Mayer Spina; HAINZENREDER JÚNIOR, Eugênio; GÓES, Maurício de Carvalho. *Direito do trabalho e processo do trabalho.* Porto Alegre: Sapiens, 2010, p. 112.

[90] SARAIVA, Renato. *Direito do trabalho para concursos públicos.* 12. ed. Rio de Janeiro: Forense; São Paulo: Método, 2010, p. 250.

[91] E-AIRR e RR – 8719000-81.2003.5.04.0900, Relator Ministro: João Batista Brito Pereira, Data de Julgamento: 29/04/2010, Subseção I Especializada em Dissídios Individuais, Data de Publicação: 07/05/2010.

PRELIMINAR DE NULIDADE POR NEGATIVA DE PRESTAÇÃO JURISDICIONAL. Foram demonstrados os fundamentos formadores da convicção do juízo, configurando-se a efetiva prestação jurisdicional. PRESCRIÇÃO. PDV. Não restou demonstrada contrariedade à Súmula 294 do TST. PDV. COMPENSAÇÃO. O pagamento de débitos trabalhistas não pode ser compensado com a indenização relativa à adesão a plano de demissão voluntária, uma vez que o valor pago sob esse título não corresponde a verba de natureza trabalhista. Incidem os termos da Orientação Jurisprudencial 356 da SDI-1 do TST. CORREÇÃO MONETÁRIA. ÉPOCA PRÓPRIA. O pagamento dos salários até o quinto dia útil do mês subsequente ao vencido não está sujeito à correção monetária e, se essa data limite for ultrapassada, aplicar-se-á o índice da correção monetária relativo ao mês seguinte ao da prestação de serviços, contando-se a partir do dia 1º, nos termos da Súmula 381 do TST (ex-Orientação Jurisprudencial 124). SEGURO-DESEMPREGO. ADESÃO AO PDV. É incabível, por ausência de previsão legal, o pagamento de seguro-desemprego quando o empregado adere a plano de demissão voluntária. Os arts. 7º, inc. II, e 201, inc. III, da Constituição da República, bem como a Lei 7.998/90 exigem, como pressuposto para a percepção do referido benefício, que a demissão seja involuntária, o que não se verifica no caso de adesão a plano de demissão voluntária. VALE-TRANSPORTE. Incide na espécie a Súmula 126 desta Corte, pois, no Recurso de Revista, a parte pretende o reexame do quadro fático descrito pelo Tribunal Regional. MULTA NORMATIVA. A decisão recorrida foi proferida em consonância com a Súmula 384. Portanto, nesse particular, o Recurso encontra óbice na Súmula 333 do TST. Recurso de Revista de que se conhece em parte e a que se dá provimento.[92]

RECURSO DE EMBARGOS ANTERIOR À VIGÊNCIA DA LEI Nº 11.496/2007. 1 – ALEGAÇÃO DE VIOLAÇÃO DO ART. 896 DA CLT. AUSÊNCIA DE INTERESSE. Pretensão da demandada, ora embargante, acerca do conhecimento do recurso de revista. Caso em que o recurso de revista da reclamada foi conhecido por divergência jurisprudencial. Ausência de interesse recursal, sendo patente a inexistência de sucumbência nesse aspecto, pressuposto indispensável à recorribilidade. Recurso de embargos não conhecido. 2 – ADESÃO A PROGRAMA DE INCENTIVO À DEMISSÃO VOLUNTÁRIA (PDV). EFEITOS. RECLAMAÇÃO AO PAGAMENTO DO ACRÉSCIMO DE 40% SOBRE O SALDO DO FGTS DO CONTRATO DE TRABALHO E DA PARCELA RELATIVA A AVISO PRÉVIO 2.1 – Decisão embargada que aplicou o entendimento da Orientação Jurisprudencial nº 270, desta SBDI-1 do TST, quanto ao alcance do efeito liberatório produzido por transação extrajudicial, decorrente de adesão do empregado ao PDV da empresa. 2.2 – Não-configuração da alegada violação do art. 5º, XXXVI, da Constituição Federal, pois, como se interpreta restritivamente a transação, na forma do art. 843 do Código Civil de 2002, o efeito liberatório só se opera em relação às parcelas discriminadas e recebidas a título de indenização, não abarcando outras prestações decorrentes do contrato findo, mas não relacionadas no recibo. 2.3 – Precedente da SBDI-1. Recurso de embargos não conhecido.[93]

---

[92] RR – 264100-60.2001.5.02.0067, Relator Ministro: João Batista Brito Pereira, Data de Julgamento: 05/05/2010, 5ª Turma, Data de Publicação: 14/05/2010.

[93] E-ED-RR – 734347-06.2001.5.02.0253, Relator Juiz Convocado: Flavio Portinho Sirangelo, Data de Julgamento: 02/12/2010, Subseção I Especializada em Dissídios Individuais, Data de Publicação: 17/12/2010.

2.1.3. Rescisão contratual

A rescisão, expressão comumente utilizada no cotidiano da vida laboral, possui acepção estrita, circunscrita aos casos de nulidade.

Entretanto, ressalta-se que os vícios de vontade não possuem a mesma dimensão no Direito do Trabalho e no Direito Civil. Considerando que o contrato de trabalho é sinalagmático – obrigações contrárias e equivalentes –, possuindo um elevado grau de intervencionismo estatal na autonomia da vontade das partes, além da própria validade do contrato, procura-se o equilíbrio do objeto contratado,[94] sendo mais fácil pleitear a resolução contratual do que a sua anulação.[95]

Nesse sentido, Eduardo Baracat assevera que a nulidade do contrato de trabalho deve ser verificada somente nas hipóteses em que a lei expressamente a dispuser, como no caso da contratação de servidor público sem a prévia aprovação em concurso público ou quando o objeto do contrato for repugnante e condenável pela sociedade ou contrário aos princípios constitucionais e gerais de direito (entendendo que o jogo do bicho não se encaixa nesta hipótese), tendo em vista a incompatibilidade da teoria das nulidades do Direito Civil com os princípios norteadores do Direito do Trabalho.[96]

Há controvérsias, em especial no que respeita ao jogo do bicho. Vólia Bomfim Cassar entende que se o objeto do contrato constituir atividade ilícita, criminosa ou contrária à moral e aos bons costumes, será nulo de pleno direito, por falta de um dos requisitos essenciais para a validade do ato previsto no artigo 104[97] do Código Civil. Aduz que no caso específico do jogo do bicho, muito embora exista jurisprudência tímida entendendo pela validade do contrato de trabalho, em face da tolerância do Estado com a atividade, nulo é o ajuste em razão do objeto ilícito, nada sendo devido ao empregado, sequer os salários.[98]

O Tribunal Superior do Trabalho corrobora este entendimento:

RECURSO DE REVISTA. PRELIMINAR DE CARÊNCIA DE AÇÃO. IMPOSSIBILIDADE JURÍDICA DO PEDIDO. Deixa-se de analisar a preliminar arguida, diante da aplicação

---

[94] CORDEIRO, Antonio Manuel Menezes. *Manual de direito do trabalho*. Coimbra: Almedina, 1991, p. 555.

[95] Nesse sentido: GOMES, Orlando; GOTTSCHALK, Elson. *Curso de direito do trabalho*. 16. ed. Rio de Janeiro: Forense, 2000, p. 192; LAMARCA, Antonio. *Contrato individual de trabalho*. São Paulo: Revista dos Tribunais, 1969, p. 111.

[96] BARACAT, Eduardo Milléo. *A boa-fé no direito individual do trabalho*. São Paulo: LTr, 2003, p. 136-137.

[97] "Art. 104. A validade do negócio jurídico requer: I – agente capaz; II – objeto lícito, possível, determinado ou determinável; III – forma prescrita ou não defesa em lei." (BRASIL, 2012m).

[98] CASSAR, Vólia Bomfim. *Direito do trabalho*. 4. ed. Niterói: Impetus, 2010, p. 546-550.

do critério estabelecido no art. 249, § 2º, do CPC. Recurso de revista não conhecido, no tema. JOGO DO BICHO. CONTRATO DE TRABALHO. OBJETO ILÍCITO. Decisão regional dissonante com a OJ 199 da SDI-I desta Casa. Impende concluir pela ilicitude do objeto do contrato de trabalho, a determinar sua nulidade absoluta. Recurso de revista conhecido e provido, no tema.[99]

RECURSO DE REVISTA. JOGO DO BICHO. VÍNCULO DE EMPREGO. CONTRATO. OBJETO ILÍCITO. OJ Nº 199 DA SBDI-1. PROVIMENTO. A jurisprudência predominante no âmbito desta Corte, acerca da prestação de serviços relacionados à exploração do jogo do bicho, está firmada no sentido de que é nulo o contrato de trabalho celebrado para estes fins, tendo em vista a ilicitude do objeto do referido contrato, não se conferindo nenhum efeito à avença. Este é o entendimento adotado pela OJ nº 199 da SBDI-1. Recurso de Revista conhecido e provido.[100]

Entretanto, em nosso Tribunal Regional não há consenso:

VÍNCULO DE EMPREGO. OBJETO ILÍCITO. JOGO DO BICHO. Tendo em vista que a própria atividade do trabalhador é ilícita, não há como reconhecer o vínculo de emprego e os direitos dele decorrentes. Aplicação da OJ nº. 199 da SDI-1 do TST.[101]

APONTADOR DO JOGO DO BICHO. OBJETO ILÍCITO. VÍNCULO DE EMPREGO. CONFIGURAÇÃO. A ilicitude do objeto da atividade econômica – "jogo do bicho" – não alcança a prestação de trabalho subordinado e, por si só, não encerra impedimento ao vínculo de emprego com o trabalhador agenciador quando presentes os seus elementos caracterizadores previstos no art. 3º da CLT, pena de enriquecimento sem causa do explorador econômico tomador.[102]

VÍNCULO DE EMPREGO. APONTADOR DO JOGO DO BICHO. A ilicitude da atividade de jogo do bicho não se opõe como óbice ao reconhecimento de direitos oriundos de relação de trabalho de apontador e coletor de apostas que laborou em prol do referido empreendimento, sob pena de proporcionar maior benefício ao infrator da lei, isentando-o de garantir direitos mínimos ao trabalhador. Recurso não provido.[103]

Destarte, em tese, é possível rescindir o contrato de trabalho por incapacidade das partes, ilicitude do objeto, objeto proibido, inobservância de determinados requisitos legais tidos como essenciais (como no caso da contratação de servidor público sem prévia aprovação em

---

[99] RR 131200-95.2009.5.07.0002, Relator Juiz Convocado: Flavio Portinho Sirangelo, Data de Julgamento: 18/04/2012, 6ª Turma, Data de Publicação: 04/05/2012.

[100] RR 142-72.2010.5.06.0321, Relatora Ministra: Maria de Assis Calsing, Data de Julgamento: 11/04/2012, 4ª Turma, Data de Publicação: 13/04/2012.

[101] Acórdão do processo 0000127-55.2011.5.04.0861 (RO). Redator: André Reverbel Fernandes. Participam: João Alfredo Borges Antunes de Miranda, Fernando Luiz de Moura Cassal. Data: 10/05/2012. Origem: Vara do Trabalho de São Gabriel.

[102] Acórdão do processo 0000687-03.2010.5.04.0741 (RO). Redator: Milton Varela Dutra. Participam: Emílio Papaléo Zin, Denise Pacheco. Data: 09/06/2011. Origem: Vara do Trabalho de Santo Ângelo.

[103] Acórdão do processo 0169400-32.2006.5.04.0271 (RO). Redator: Maria Helena Mallmann. Participam: João Alfredo Borges Antunes de Miranda, Ricardo Carvalho Fraga. Data: 14/05/2008. Origem: Vara do Trabalho de Osório.

concurso público – Súmula 363[104] do TST), ou anulado por qualquer dos defeitos dos atos jurídicos (erro, dolo, coação, simulação, fraude). A nulidade terá efeitos *ex nunc* e não afastará os efeitos da relação de trabalho.[105]

2.1.4. Outras formas de extinção do contrato de trabalho

Extinção da empresa

Quando a empresa encerra suas atividades, a regra é a de que os empregados terão direito aos consectários trabalhistas, como se tivessem sido dispensados imotivadamente.[106]

Todavia, nos casos de força maior, fato do príncipe e falência da empresa – hipóteses que serão abordadas a seguir – ocorre uma atenuação nos encargos patronais.

Força maior

O artigo 501 da Consolidação das Leis do Trabalho conceitua a força maior como sendo todo acontecimento inevitável, em relação à vontade do empregador, desde que não haja participação patronal, direta ou indireta no ocorrido, haja vista que a imprevidência do empregador exclui a razão da força maior, conforme § 1° do artigo em comento.

O instituto da força maior tem sido utilizado como gênero, sendo suas espécies a força maior *strictu sensu* e o caso fortuito (fenômenos naturais como terremoto, inundação, vendaval).

Cumpre ressaltar que a jurisprudência tem sido cautelosa em relação às hipóteses de configuração da força maior, como a crise financeira do empregador; o mau tempo nas atividades a céu aberto; o incêndio, inexistindo seguro contra fogo,[107] sob o argumento de que o empregador deve assumir os riscos do empreendimento.

---

[104] Súmula 363 TST: CONTRATO NULO. EFEITOS (nova redação) – Res. 121/2003, DJ 19, 20 e 21.11.2003 "A contratação de servidor público, após a CF/1988, sem prévia aprovação em concurso público, encontra óbice no respectivo art. 37, II e § 2°, somente lhe conferindo direito ao pagamento da contraprestação pactuada, em relação ao número de horas trabalhadas, respeitado o valor da hora do salário mínimo, e dos valores referentes aos depósitos do FGTS."

[105] CAMINO, Carmen. *Direito individual do trabalho*. 4. ed. Porto Alegre: Síntese, 2003, p. 461-462.

[106] Súmula n° 44 do TST. AVISO PRÉVIO – Res. 121/2003, DJ 19, 20 e 21.11.2003. "A cessação da atividade da empresa, com o pagamento da indenização, simples ou em dobro, não exclui, por si só, o direito do empregado ao aviso prévio".

[107] CARRION, Valentin. *Comentários à consolidação das leis do trabalho*. 27. ed. atual. e ampl. por Eduardo Carrion. São Paulo: Saraiva, 2002, p. 395.

Corroborando essas assertivas, decisões do Tribunal Regional do Trabalho da 4ª Região:

INDENIZAÇÃO COMPENSATÓRIA DE 40% DO FGTS E MULTA DO ARTIGO 467 DA CLT. Eventual crise financeira experimentada pelo empregador não constitui hipótese de força maior mas risco do negócio, e, por conseguinte, não o exime do cumprimento das suas obrigações decorrentes do contrato de trabalho, dentre elas o pagamento da indenização compensatória de 40% na despedida sem justa causa do empregado e da que trata o artigo 467 da CLT.[108]

RECURSO ORDINÁRIO DO RECLAMANTE. MULTA DO ART. 467 DA CLT. A multa prevista no art. 467 da CLT torna-se devida somente no caso de, havendo parcelas rescisórias incontroversas, o empregador não realizar o seu pagamento na data do comparecimento à Justiça do Trabalho, o que ocorreu na espécie. Não se configura força maior a crise financeira da ré, porque decorrente de má administração e má gestão internas. Recurso provido para acrescer à condenação o pagamento de multa do art. 467 da CLT.[109]

Rescisão contratual. Força maior. Inocorrência. A imprevidência do empregador exclui a razão de força maior, sendo devido ao empregado o ressarcimento integral decorrente da rescisão contratual. Aplicação do artigo 501, § 1º, da CLT.[110]

Configurada a força maior que determine a extinção da empresa ou dos estabelecimentos em que trabalha o empregado, a indenização devida ao obreiro será paga pela metade, nos seguintes termos, conforme incisos do artigo 502 da Consolidação das Leis do Trabalho:

I – se o empregado é antigo estável decenal não receberá a indenização dobrada na forma do artigo 497[111] da CLT, mas sim de forma simples nos termos dos artigos 477 e 478 da CLT;

II – no contrato por prazo indeterminado a indenização devida ao empregado será de 20% sobre os depósitos do FGTS;

III – nos contratos por prazo determinado a indenização prevista no artigo 479 da CLT será reduzida à metade.

---

[108] Acórdão do processo 0000720-68.2011.5.04.0252 (RO). Redator: Fernando Luiz de Moura Cassal. Participam: João Alfredo Borges Antunes de Miranda, André Reverbel Fernandes. Data: 03/05/2012. Origem: 2ª Vara do Trabalho de Cachoeirinha.

[109] Acórdão do processo 0000268-11.2011.5.04.0203 (RO). Redator: Flávia Lorena Pacheco. Participam: Ricardo Hofmeister de Almeida Martins Costa, Herbert Paulo Beck. Data: 10/05/2012. Origem: 3ª Vara do Trabalho de Canoas.

[110] TRT da 4ª Região, 10ª Turma, 0000272-48.2011.5.04.0203 RO, em 13/10/2011, Desembargadora Denise Pacheco – Relatora. Participaram do julgamento: Desembargador Milton Varela Dutra, Desembargador Emílio Papaléo Zin.

[111] "Art. 497. Extinguindo-se a empresa, sem a ocorrência de motivo de força maior, ao empregado estável despedido é garantida a indenização por rescisão de contrato por prazo indeterminado paga em dobro." (BRASIL, 2012b).

Ressalta-se que o levantamento dos depósitos do FGTS poderá ser efetuado em qualquer uma das hipóteses acima elencadas, de acordo com o artigo 20, inciso I,[112] da Lei 8.036/90.

Fato do príncipe

O *factum principis* traduz-se pela paralisação temporária ou definitiva do trabalho, motivado por ato de autoridade (municipal, estadual ou federal) ou mesmo por promulgação de lei ou resolução que impossibilite a continuação da atividade, sendo que o pagamento da indenização trabalhista ficará sob a responsabilidade do ente público responsável.

Os requisitos para a caracterização do *factum principis* são:[113]

- fato inevitável;
- nexo de causalidade entre o ato da autoridade administrativa/ legislativo e a paralisação das atividades;
- impossibilidade de continuação do negócio;
- o empregador não concorrer para a ocorrência.

Entretanto, não obstante a extinção do contrato laboral pelo fato do príncipe gerar os mesmos direitos da dispensa imotivada, parte da doutrina entende que a indenização trabalhista a ser quitada pelo ente público refere-se ao pagamento da indenização compensatória de 40% do FGTS, para os contratos por prazo indeterminado, ou a fixada no artigo 479[114] da CLT, para os contratos por prazo determinado.

Cumpre referir que o empregado não precisará acionar o Poder Público a fim de receber a indenização que lhe é devida: caberá ao empregador pagar o respectivo valor ao empregado, buscando o ressarcimento, posteriormente, em ação regressiva em face do Poder Público.[115]

Falência da empresa

Na hipótese da falência, o empregado poderá continuar trabalhando por determinado período, a critério do administrador judicial,

---

[112] "Art. 20. A conta vinculada do trabalhador no FGTS poderá ser movimentada nas seguintes situações: I – despedida sem justa causa, inclusive a indireta, de culpa recíproca e de força maior." (BRASIL, 2012j).

[113] ZIMMER, Carolina Mayer Spina; HAINZENREDER JÚNIOR, Eugênio; GÓES, Maurício de Carvalho. *Direito do trabalho e processo do trabalho.* Porto Alegre: Sapiens, 2010, p. 120.

[114] "Art. 479. Nos contratos que tenham termo estipulado, o empregador que sem justa causa, despedir o empregado, será obrigado a pagar-lhe, a título de indenização, e por metade, a remuneração a que teria direito até o termo do contrato." (BRASIL, 2012b).

[115] PAIVA, Léa Cristina Barboza da Silva; FREITAS, Christiano Abelardo Fagundes. *Curso de direito do trabalho para o exame da OAB.* São Paulo: LTr, 2007, p. 133.

objetivando ultimar alguns negócios ou mesmo com o intuito de manutenção ou preservação de equipamentos da empresa, conforme previsão contida no artigo 117[116] da Lei nº 11.101/05.

Todavia, havendo a impossibilidade da continuação do contrato de trabalho, o empregado terá direito a todas as verbas rescisórias, como se fosse despedida imotivada, conforme artigo 449[117] da Consolidação das Leis do Trabalho.

Cumpre ressaltar o teor da Súmula 388[118] do TST, que estabelece que a massa falida não se sujeita à penalidade do artigo 467[119] consolidado (as parcelas incontroversas devem ser quitadas em audiência sob pena de a reclamada ser condenada a pagá-las com o acréscimo de cinquenta por cento) e nem à multa do § 8º[120] do artigo 477 do mesmo estatuto (determina o pagamento de multa referente a um salário contratual, em favor do empregado, caso as verbas rescisórias não tenham sido pagas ou satisfeitas fora do prazo legal).

Morte do empregado

Considerando que o contrato de trabalho é *intuito personae* em relação ao empregado, ocorrendo o seu falecimento, encerra-se o vínculo empregatício.

Nesse caso, receberão os créditos trabalhistas do *de cujus* os dependentes habilitados perante a Previdência Social e, na faltas destes,

---

[116] "Art. 117. Os contratos bilaterais não se resolvem pela falência e podem ser cumpridos pelo administrador judicial se o cumprimento reduzir ou evitar o aumento do passivo da massa falida ou for necessário à manutenção e preservação de seus ativos, mediante autorização do Comitê." (BRASIL, 2012o).

[117] "Art. 449. Os direitos oriundos da existência do contrato de trabalho subsistirão em caso de falência, concordata ou dissolução da empresa." (BRASIL, 2012b).

[118] Súmula nº 388 do TST: MASSA FALIDA. ARTS. 467 E 477 DA CLT. INAPLICABILIDADE (conversão das Orientações Jurisprudenciais nºs 201 e 314 da SBDI-1) – Res. 129/2005, DJ 20, 22 e 25.04.2005. "A Massa Falida não se sujeita à penalidade do § 8º do art. 477, ambos da CLT." (ex-Ojs da SBDI-1 nºs 201 – DJ 11.08.2003 – e 314 – DJ 08.11.2000).

[119] "Art. 467. Em caso de rescisão de contrato de trabalho, havendo controvérsia sobre o montante das verbas rescisórias, o empregador é obrigado a pagar ao trabalhador, à data do comparecimento à Justiça do Trabalho, a parte incontroversa dessas verbas, sob pena de pagá-las acrescidas de cinqüenta por cento." (BRASIL, 2012b).

[120] "Art. 477, § 6º. O pagamento das parcelas constantes do instrumento de rescisão ou recibo de quitação deverá ser efetuado nos seguintes prazos: a) até o primeiro dia útil imediato ao término do contrato; ou b) até o décimo dia, contado da data da notificação da demissão, quando da ausência do aviso prévio, indenização do mesmo ou dispensa de seu cumprimento. § 8º A inobservância do disposto no § 6º deste artigo sujeitará o infrator à multa de 160 BTN, por trabalhador, bem assim ao pagamento da multa a favor do empregado, em valor equivalente ao seu salário, devidamente corrigido pelo índice de variação do BTN, salvo quando, comprovadamente, o trabalhador der causa à mora". (BRASIL, 2012b).

os herdeiros elencados no artigo 1.829[121] do Código Civil, observados os limites normativos previstos em matéria sucessória.[122] Inexistindo dependentes ou herdeiros, os valores reverterão em favor, respectivamente, do Fundo de Previdência e Assistência Social, do Fundo de Garantia do Tempo de Serviço ou do Fundo de Participação PIS-PASEP, conforme se tratar de quantias devidas pelo empregador ou de contas de FGTS e do Fundo PIS PASEP.[123]

Oportuno ressaltar que a finalidade da Lei 6.858/80 é dar proteção social ao dependente previdenciário do falecido. O escopo da norma é atender quem estava na condição de dependência econômica do segurado previdenciário. O Legislador entendeu ser justo que o falecimento da pessoa que mantinha o sustento do indivíduo tenha reflexos práticos na amenização das presumíveis necessidades decorrentes do infortúnio.

A norma disciplina mecanismo de proteção social, ultrapassando em muito a matiz meramente civil da transmissão da propriedade patrimonial *causa mortis*, não havendo quaisquer incongruências ou conflitos.

Nesse sentido é a jurisprudência do Tribunal Regional do Trabalho da 4ª Região:

> AÇÃO DE CONSIGNAÇÃO EM PAGAMENTO. Está legitimada ao recebimento da importância consignada na presente ação, relativa ao pagamento das parcelas rescisórias, a dependente habilitada perante a Previdência Social, ou seja, a ex-companheira do *de cujus*. Aplicação do art. 1º da Lei nº 6.858/80, com regramento específico sobre a matéria.[124]
>
> AÇÃO RESCISÓRIA. VIOLAÇÃO A LITERAL DISPOSIÇÃO DE LEI. Hipótese em que, em sede de ação de consignação em pagamento, restou homologado acordo para recebimento dos valores referentes às parcelas rescisórias de empregado falecido e

---

[121] "Art. 1.829. A sucessão legítima defere-se na ordem seguinte: I – aos descendentes, em concorrência com o cônjuge sobrevivente, salvo se casado este com o falecido no regime da comunhão universal, ou no da separação obrigatória de bens (art. 1.640, parágrafo único); ou se, no regime da comunhão parcial, o autor da herança não houver deixado bens particulares; II – aos ascendentes, em concorrência com o cônjuge; III – ao cônjuge sobrevivente; IV – aos colaterais." (BRASIL, 2012m).

[122] Conforme previsão do artigo 1º *caput* da Lei 6.858/80: "Art. 1º Os valores devidos pelos empregadores aos empregados e os montantes das contas individuais do Fundo de Garantia do Tempo de Serviço e do Fundo de Participação PIS-PASEP, não recebidos em vida pelos respectivos titulares, serão pagos, em quotas iguais, aos dependentes habilitados perante a Previdência Social ou na forma da legislação específica dos servidores civis e militares, e, na sua falta, aos sucessores previstos na lei civil, indicados em alvará judicial, independentemente de inventário ou arrolamento." (BRASIL, 2012i).

[123] Conforme § 2º do artigo 1º da Lei 6.858/80.

[124] Acórdão do processo 0000395-89.2010.5.04.0103 (RO). Redator: Emílio Papaléo Zin. Participam: Milton Varela Dutra, Fernando Luiz de Moura Cassal. Data: 02/06/2011. Origem: 3ª Vara do Trabalho de Pelotas.

determinada a liberação de alvará em cinco cotas iguais para seus filhos, em detrimento dos interesses da única filha menor que consta como dependente habilitada perante a previdência social. Decisão que viola o art. 1º, § 1º, da Lei 6.858/80. Ação rescisória que se julga procedente com fundamento no art. 485, V, do CPC.[125]

Corroborando este entendimento, o Tribunal Superior do Trabalho, majoritariamente, atribui legitimidade ativa *ad processum* para pleitear direitos trabalhistas não percebidos em vida pelo empregado, tanto aos dependentes habilitados perante a autarquia previdenciária quanto aos sucessores previstos na lei civil, conforme os seguintes precedentes, assim ementados:

RECURSO DE REVISTA – ILEGITIMIDADE DE PARTE. Nos termos do art. 1º da Lei 6.858/80, regulamentado pelo Decreto nº 85.845/81, o pagamento aos dependentes ou sucessores de valores devidos pelos empregadores aos empregados e não recebidos em vida pelos titulares independente de inventário ou arrolamento, desde que atendida a exigência dos dependentes junto ao INSS ou de indicação, em alvará judicial, dos sucessores previstos na lei civil. Conforme consta do acórdão regional, as Autoras são os únicos dependentes do *de cujus* habilitados perante a previdência social. Resulta atendida, portanto, a exigência legal, não havendo falar em ilegitimidade de parte. Recurso de Revista não conhecido.[126]

RECURSO DE REVISTA. INVENTARIANTE – LEGITIMIDADE ATIVA *AD PROCESSUM*. É certo que a jurisprudência desta Corte, ao interpor o supracitado dispositivo legal, tem-se inclinado no sentido de atribuir legitimidade para pleitear os direitos do titular não recebidos em vida decorrentes da relação empregatícia, "independentemente de inventário ou arrolamento". No entanto, tal atribuição, com intuito de facilitar a percepção de verbas trabalhistas, consiste em mais uma opção de *legitimatio ad processum* para se pleitear direitos trabalhistas do *de cujus*, não excluindo, pois, do inventariante, sua capacidade processual em sentido estrito, já conferida pelo artigo 12, V, do Código de Processo Civil. Assim, a norma prevista no artigo 1º da Lei nº 6.858/80 não revogou, nem tampouco atribuiu a aplicação subsidiária ao disposto no artigo 12, V, do Código de Processo Civil, no processo trabalhista, mas sim somou-se a este. Nesse passo, estando o presente espólio representado pela inventariante e tendo em vista que o Tribunal Regional manteve a sentença que julgou extinto o feito sem julgamento do mérito, portanto não regularizada a representação processual do pólo ativo, verifica-se violação literal ao artigo 12, V, do Código de Processo Civil. Recurso de revista conhecido e provido.[127]

RECURSO DE REVISTA. SUCESSÃO. COMPANHEIRA HABILITADA JUNTO AO ÓRGÃO PREVIDENCIÁRIO. REPRESENTAÇÃO DO ESPÓLIO. LEGITIMIDADE ATIVA. Prevalece neste C. Tribunal o entendimento de que os dependentes habilitados peran-

---

[125] Acórdão do processo 0020067-04.2010.5.04.0000 (AR). Redator: Flavio Portinho Sirangelo. Participam: Ana Rosa Pereira Zago Sagrilo. Data: 10/06/2011. Origem: Tribunal Regional do Trabalho.

[126] RR – 124000-41.2005.5.18.0141, Relatora: Maria Cristina Irigoyen Peduzzi, 8º Turma, Data de Publicação: 13/3/2009.

[127] RR – 1316336-33.2004.5.04.0900, Relator Ministro: Renato de Lacerda Paiva, 2º Turma, Data de Divulgação: DELT 18/09/2009.

te a Previdência Social são parte legítima para figurar no polo ativo da ação em que se pretende receber verbas rescisórias do empregado falecido, não recebidas em vida. Nesse contexto, a companheira do falecido que se encontra habilitada na Previdência Social é parte legítima para pleitear tais verbas. Recurso de revista conhecido e provido.[128]

Morte do empregador

Caso o empregador venha a falecer, o artigo 483, § 2º,[129] da Consolidação das Leis do Trabalho faculta ao empregado considerar seu contrato de trabalho rescindido na hipótese de seu empregador ser empresa individual (pessoa física), uma vez que os herdeiros poderão dar continuidade à exploração do negócio.

Neste caso, havendo interesse do empregado em continuar trabalhando para os herdeiros, haverá a chamada *sucessão trabalhista*, com efeitos previstos nos artigos 10[130] e 448[131] do estatuto consolidado. Por outro lado, caso o empregado opte pela resilição do contrato de trabalho, não será obrigado a conceder aviso-prévio aos herdeiros do falecido, porém não terá direito à percepção da indenização compensatória de 40% do FGTS e ao seguro-desemprego, por não se tratar de dispensa sem justo motivo.[132]

Entretanto, se com a morte do empregador ocorrer o fim do empreendimento, aplica-se o disposto no artigo 485[133] da Consolidação das Leis do Trabalho, percebendo o empregado, todas as verbas rescisórias inerentes à dispensa sem justo motivo, inclusive ao aviso-prévio e à indenização de 40% do FGTS, conforme entendimento doutrinário e jurisprudencial.

---

[128] RR – 2040-28.2006.5.01.0054, Relator Ministro: Aloysio Corrêa da Veiga, Data de Julgamento: 12/05/2010, 6ª Turma, Data de Publicação: 21/05/2010.

[129] "Art. 483. O empregado poderá considerar rescindido o contrato e pleitear a devida indenização quando: § 2º No caso de morte do empregador constituído em empresa individual, é facultado ao empregador rescindir o contrato de trabalho." (BRASIL, 2012b).

[130] "Art. 10. Qualquer alteração na estrutura jurídica da empresa não afetará os direitos adquiridos por seus empregados." (BRASIL, 2012b).

[131] "Art. 448. A mudança na propriedade ou na estrutura jurídica da empresa não afetará os contratos de trabalho dos respectivos empregados." (BRASIL, 2012b).

[132] SARAIVA, Renato. *Direito do trabalho para concursos públicos.* 12. ed. Rio de Janeiro: Forense; São Paulo: Método, 2010, p. 267.

[133] "Art. 485. Quando cessar a atividade da empresa, por morte do empregador, os empregados terão direito, conforme o caso, à indenização a que se referem os arts. 477 e 497." (BRASIL, 2012b).

2.2. EXTINÇÃO DO CONTRATO DE TRABALHO E APOSENTADORIA: PONTOS CONVERGENTES E DIVERGENTES

Os tipos de aposentadoria encontram-se regulados pela Lei n° 8.213/91, que instituiu os Planos de Benefícios da Previdência Social. Referida legislação alterou o regime anterior, segundo o qual o desligamento do emprego constituía requisito para a concessão da aposentadoria. Destarte, a obtenção da aposentadoria deixou de constituir causa de extinção do vínculo empregatício conforme artigo 49[134] da Lei 8.213/91.

Entretanto, com base no *caput* do artigo 453[135] da Consolidação das Leis do Trabalho, o Tribunal Superior do Trabalho entendia que a aposentadoria espontânea extinguia automaticamente o contrato de trabalho, mesmo que o empregado permanecesse trabalhando após a concessão do benefício previdenciário, iniciando-se, nesta hipótese, um novo contrato de trabalho,[136] conforme Orientação Jurisprudencial 177[137] da SDI-1 do TST, sendo indevida a indenização de 40% dos depósitos fundiários em relação ao período anterior à aposentadoria.

---

[134] "Art. 49. A aposentadoria por idade será devida: I – ao segurado empregado, inclusive o doméstico, a partir: a) da data do desligamento do emprego, quando requerida até essa data ou até 90 (noventa) dias depois dela; ou b) da data do requerimento, quando não houver desligamento do emprego ou quando for requerida após o prazo previsto na alínea 'a'; [...]" (BRASIL, 2012k).

[135] "Art. 453. No tempo de serviço do empregado, quando readmitido, serão computados os períodos, ainda que não contínuos, em que tiver trabalhado anteriormente na empresa, salvo se houver sido despedido por falta grave, recebido indenização legal ou se aposentado espontaneamente." (BRASIL, 2012b).

[136] Dispõe o *caput* do art. 453 da CLT (redação alterada pela Lei 6.204/75): "Art. 453. No tempo de serviço do empregado, quando readmitido, serão computados os períodos, ainda que não contínuos, em que tiver trabalhado anteriormente na empresa, salvo se houver sido despedido por falta grave, recebido indenização legal ou se aposentado espontaneamente." (BRASIL, 2012b). De fato, o termo "readmitido" pressupõe que o anterior contrato de trabalho do obreiro fora extinto; no entanto, isso não implica dizer que a aposentadoria espontânea resulte, necessariamente, na extinção do contrato de trabalho, uma vez que, como observado no voto do em. Ministro Ilmar Galvão na ADIn 1.721, a aposentadoria espontânea pode ou não ser acompanhada do afastamento do empregado de seu trabalho: só haveria readmissão quando o trabalhador aposentado tivesse encerrado a relação anterior de trabalho e posteriormente iniciado outra; caso haja continuidade do trabalho, mesmo após a aposentadoria espontânea, não se pode falar em extinção do contrato de trabalho e, portanto, em readmissão. A interpretação conferida pelo TST ao art. 453 da CLT viola a garantia constitucional contra a despedida arbitrária, razão pela qual deve ser afastada. "Assim, dele conheço e dou provimento ao recurso extraordinário para afastar a premissa do acórdão recorrido, derivada da interpretação conferida ao art. 453 da CLT – e devolver o caso para que prossiga, no TST, o julgamento do agravo: é o meu voto." (Acórdão RE 449420, 1ª Turma. Rel. Ministro Sepúlveda Pertence, de 14.10.2005).

[137] OJ SDI-1 n° 177: APOSENTADORIA ESPONTÂNEA. EFEITOS (cancelada) – DJ 30.10.2006 "A aposentadoria espontânea extingue o contrato de trabalho, mesmo quando o empregado continua a trabalhar na empresa após a concessão do benefício previdenciário. Assim sendo, indevida a multa de 40% do FGTS em relação ao período anterior à aposentadoria."

Sobre a matéria em causa, desde o advento da Súmula 17 do Tribunal Regional do Trabalho da 4ª Região – "A aposentadoria espontânea do empregado extingue o contrato de trabalho." – Resolução Administrativa 13/1999 –, porque a sua existência tem força vinculativa no Tribunal, as decisões vinham sendo prolatadas em consonância com esse pensamento jurisprudencial.

Na época, Amauri Mascaro Nascimento esclarecia o procedimento da concessão da aposentadoria por idade ou por tempo de serviço, destacando a automática constituição de novo contrato de trabalho, na hipótese do empregado continuar na empresa após a sua jubilação:[138]

> A aposentadoria, como forma de extinção do contrato de trabalho, não é um ato instantâneo. É um ato complexo. O empregado pode aguardar no serviço o desfecho do seu requerimento dirigido ao INSS para obter aposentadoria por tempo ou idade. O INSS faz a comunicação do deferimento ao empregador. Este por sua vez, informa e desliga o empregado, momento em que estará extinto o contrato. Caso resolva o empregado não aguardar no emprego o resultado de seu requerimento, a extinção se consumará evidentemente na ocasião do seu afastamento. A Lei nº 8.213/91 (art. 49, I, b) autoriza o aposentado espontaneamente a continuar na mesma empresa, o que deve ser interpretado não como proibição do seu desligamento na concessão da aposentadoria pelo INSS, mas como mera possibilidade de rescisão do contrato de trabalho anterior, com direito aos pagamentos próprios da aposentadoria e a automática constituição de novo contrato de trabalho, com o mesmo empregador, após a extinção resultante do vínculo que existia, contrato que, na aposentadoria espontânea, poderá ser prosseguimento do anterior, unindo-se, ambos (*acessio temporis*) como um só vínculo.[139]

Entretanto, com o fundamento adotado pelo Supremo Tribunal Federal no julgamento das ADIs 1.770-4 e 1.721-3, nas quais declarou a inconstitucionalidade dos §§ 1º e 2º do art. 453 da CLT, houve uma guinada na jurisprudência trabalhista, como ilustra o cancelamento da OJ SDI-1 177 do Tribunal Superior do Trabalho[140] e a Súmula 17 do Tribunal Regional do Trabalho da 4ª Região, e posterior edição da

---

[138] Corroborando este entendimento: BARRETO, Gláucia; ALEXANDRINO, Marcelo; PAULO, Vicente. *Direito do trabalho*. 8. ed. Rio de Janeiro: Impetus, 2006, p. 368; BARROS, Alice Monteiro de. *Curso de direito do trabalho*. 2. ed. rev. ampl. São Paulo: LTr, 2006, p. 972; JORGE NETO, Francisco Ferreira; CAVALCANTE, Jouberto de Quadros Pessoa. *Manual de direito do trabalho*. 2. ed. Rio de Janeiro: Lumen Juris, 2004, p. 667; MARTINS, Sergio Pinto. *Comentários à CLT*. 11. ed. São Paulo: Atlas, 2007, p. 389; MARTINS, Sergio Pinto. *Direito do trabalho*. 19. ed. São Paulo: Atlas, 2004, p. 397; NASCIMENTO, Amauri Mascaro. *Iniciação ao direito do trabalho*. 32. ed. São Paulo: LTr, 2006, p. 232-233; SUSSEKIND, Arnaldo; MARANHÃO, Délio; VIANNA, Segadas; TEIXEIRA, Lima. *Instituições de direito do trabalho*. 20. ed. atual. São Paulo: LTr, 2002, p. 600.

[139] NASCIMENTO, Amauri Mascaro. *Curso de direito do trabalho*: história e teoria geral do direito do trabalho: relações individuais e coletivas do trabalho. 21. ed. rev. e atual. São Paulo: Saraiva, 2006, p. 746-747.

[140] Cancelamento por intermédio da Resolução Administrativa 14/2006, publicada por três vezes no Diário da Justiça do Estado dos dias 10, 13 de 14.11.2006.

OJ SDI-1 361[141] do Tribunal Superior do Trabalho, sedimentando o entendimento de alguns doutrinadores de que a aposentadoria espontânea não é causa de extinção do contrato de trabalho.[142]

Nesse sentido, cumpre destacar a doutrina de Miguel Horvath Júnior, que defende como argumentos para a não extinção do contrato de trabalho as seguintes afirmativas:[143]

a) a relação jurídica laboral e a previdência são distintas. A atual legislação previdenciária não estabelece como pré-requisito para concessão da aposentadoria a necessidade de afastamento do vínculo laboral;

b) a Constituição tutela o direito do trabalho sem restrições de qualquer natureza;

c) a aposentadoria é faculdade subjetiva de quem preenche os requisitos previstos em lei, não exigindo o sistema a partir da Lei n°. 8.213/91 afastamento do emprego. O sistema brasileiro não veda a continuidade da prestação de serviços após a aposentadoria, nem expressamente prescreve que o ato de concessão de benefício de aposentadoria importa em extinção do vínculo empregatício.

Nota-se que, mesmo antes do julgamento definitivo das ADIs 1.770-4 e 1.721-3, a 1ª Turma do Supremo Tribunal Federal já vinha se pronunciando no sentido de que a aposentadoria espontânea não extinguia o contrato de trabalho, aduzindo, ainda, que havendo a continuidade da prestação dos serviços ao mesmo empregador, após a jubilação, sem o encerramento da relação de trabalho, não há que se falar em readmissão:

> I. Embargos de declaração recebidos como agravo regimental. II. Recurso extraordinário, embargos de declaração e prequestionamento: a recusa do órgão julgador em suprir omissão apontada pela parte através da oposição pertinente de embargos declaratórios não impede que a matéria omitida seja examinada pelo STF, como decorre a contrario sensu da Súmula 356. III. Recurso extraordinário: admissibilidade: acórdão recorrido fundado na Orientação Jurisprudencial 177, do Tribunal Superior do Trabalho, de conteúdo constitucional. IV. Previdência social: aposentadoria espontânea não implica, por si só, extinção do contrato de trabalho. 1. Despedida arbitrária ou sem justa causa (CF, art. 7º, I): viola a garantia constitucional o acórdão que, partindo de premissa

---

[141] OJ SDI- 1 N° 361 TST: APOSENTADORIA ESPONTÂNEA. UNICIDADE DO CONTRATO DE TRABALHO. MULTA DE 40% DO FGTS SOBRE TODO O PERÍODO (DJ 20, 21 E 23.05.2008) "A aposentadoria espontânea não é causa de extinção do contrato de trabalho se o empregado permanece prestando serviços ao empregador após a jubilação. assim, por ocasião da sua dispensa imotivada, o empregado tem direito à multa de 40% do FGTS sobre a totalidade dos depósitos efetuados no curso do pacto laboral".

[142] SAAD, Eduardo Gabriel. *Consolidação das Leis do Trabalho Comentada*. 42. ed. rev. atual. São Paulo: LTr, 2009, p. 437.

[143] HORVATH JÚNIOR, Miguel. *Direito previdenciário*. 6. ed. São Paulo: Quartier Latin, 2006, p. 201.

derivada de interpretação conferida ao art. 453, *caput*, da CLT (redação alterada pela L. 6.204/75), decide que a aposentadoria espontânea extingue o contrato de trabalho, mesmo quando o empregado continua a trabalhar na empresa após a concessão do benefício previdenciário. 2. A aposentadoria espontânea pode ou não ser acompanhada do afastamento do empregado de seu trabalho: só há readmissão quando o trabalhador aposentado tiver encerrado a relação de trabalho e posteriormente iniciado outra; caso haja continuidade do trabalho, mesmo após a aposentadoria espontânea, não se pode falar em extinção do contrato de trabalho e, portanto, em readmissão. 3. Precedentes: ADIn 1.721-MC, Ilmar Galvão, RTJ 186/3; ADIn 1.770, Moreira Alves, RTJ 168/128; RE 449.420, 1ª Turma, 16.08.2005, Pertence, DJ 14.10.2005.[144]

I. Recurso extraordinário: admissibilidade: acórdão recorrido fundado no Enunciado 363 e na Orientação Jurisprudencial 177, do Tribunal Superior do Trabalho, de conteúdo constitucional. II. Previdência social: aposentadoria espontânea não implica, por si só, extinção do contrato de trabalho. 1. Despedida arbitrária ou sem justa causa (CF, art. 7º, I): viola a garantia constitucional o acórdão que, partindo de premissa derivada de interpretação conferida ao art. 453, *caput*, da CLT (redação alterada pela L. 6.204/75), decide que a aposentadoria espontânea extingue o contrato de trabalho, mesmo quando o empregado continua a trabalhar na empresa após a concessão do benefício previdenciá-rio. 2. A aposentadoria espontânea pode ou não ser acompanhada do afastamento do empregado de seu trabalho: só há readmissão quando o trabalhador aposentado tiver encerrado a relação de trabalho e posteriormente iniciado outra; caso haja continuidade do trabalho, mesmo após a aposentadoria espontânea, não se pode falar em extinção do contrato de trabalho e, portanto, em readmissão. 3. Precedentes: ADIn 1.721-MC, Ilmar Galvão, RTJ 186/3; ADIn 1.770, Moreira Alves, RTJ 168/128; RE 449.420, 1ª Turma, 16.08.2005, Pertence, DJ 14.10.2005.[145]

Divergindo do novo entendimento jurisprudencial, Sergio Pinto Martins salienta que a continuidade na prestação de serviços na empresa após o requerimento da aposentadoria pelo empregado dependerá da aceitação do empregador, porque o contrato de trabalho tem por requisito a bilateralidade, asseverando, ainda, que as aposentadorias por tempo de serviço e por idade são definitivas, importando em cessação do contrato de trabalho, iniciando-se novo pacto laboral, caso o empregado continue a prestar serviços ao empregador.[146]

Destarte, considera-se que a aposentadoria espontânea não extingue, *ipso facto*, o contrato de trabalho, e o empregado beneficiado pela aposentadoria por tempo de serviço tem o direito de optar entre continuar laborando para seu empregador ou não, considerando-se extinto o contrato se a opção do empregado for nesse sentido, situação que lhe retira o direito ao aviso prévio e à indenização de 40% do FGTS.

---

[144] AI 439920 ED, Relator(a): Min. Sepúlveda Pertence, Primeira Turma, Julgado em 06/12/2005, Dj 03/02/2006. p. 31 Ement Vol-02219-09, p. 1778.

[145] AI 519669 AgR, Relator(a): Min. Sepúlveda Pertence, Primeira Turma, Julgado em 21/03/2006, Dj 19/05/2006, p. 17 Ement Vol-02233-05, p-00861 LEXSTF v. 28, n. 330, 2006, p. 85-90.

[146] MARTINS, Sergio Pinto. *Direito do trabalho*. 25. ed. São Paulo: Atlas, 2009, p. 376-377.

Caso contrário, o contrato continuará em vigor, independentemente da aposentadoria e, se o empregador tiver interesse na rescisão, deverá arcar com as obrigações trabalhistas dela decorrentes, referentes aos períodos anterior e posterior à jubilação, tese que vem amparada na conjugação interpretativa do quanto disposto nos artigos 49[147] e 54[148] da Lei 8.213/91 (lei previdenciária), no § 1º[149] do artigo 18 da Lei 8.036/90 (disciplinadora do FGTS) e no artigo 9º, § 1º,[150] do Decreto 99.684/90 (regulamentador da lei do FGTS).

Nesse sentido é o entendimento jurisprudencial dominante:

RECURSO DO RECLAMADO EXTINÇÃO DO CONTRATO DE TRABALHO. APOSEN-TADORIA VOLUNTÁRIA. ACRÉSCIMO INDENIZATÓRIO DE 40% SOBRE O FGTS. Declarada a inconstitucionalidade do § 2º do artigo 453 da CLT, não há falar em extinção automática do contrato de trabalho em face da aposentadoria voluntária. Havendo continuidade da relação de emprego, a indenização compensatória de 40% é devida sobre o FGTS de todo o período contratual, inclusive sobre os valores levantados em decorrência do jubilamento.

RECURSO DO RECLAMANTE MULTA DO ARTIGO 477 DA CLT. A multa do artigo 477 da CLT é devida porque o reclamado não pagou o aviso-prévio e a multa do FGTS, não se restringindo a questão a diferenças de rescisórias.[151]

APOSENTADORIA ESPONTÂNEA. EXTINÇÃO DO CONTRATO DE TRABALHO. DI-FERENÇAS DA MULTA DE 40% SOBRE O FGTS. A aposentadoria espontânea, por si só, não é causa de extinção do contrato de trabalho, devendo o empregador arcar com a multa de 40% do FGTS sobre todos os depósitos fundiários realizados ao longo do contrato de trabalho. Aplicação do princípio da continuidade, bem como de precedente do STF e do art. 102, § 2º, da Constituição Federal.[152]

---

[147] "Art. 49. A aposentadoria por idade será devida: I – ao segurado empregado, inclusive o doméstico, a partir de: a) da data do desligamento do emprego, quando requerida até essa data ou até 90 (noventa) dias depois dela; ou b) da data do requerimento, quando não houver desligamento do emprego ou quando for requerida após o prazo previsto na alínea 'a'; II – para os demais segurados, da data da entrada do requerimento." (BRASIL, 2012k).

[148] "Art. 54. A data do início da aposentadoria por tempo de serviço será fixada da mesma forma que a da aposentadoria por idade, conforme o disposto no art. 49." (BRASIL, 2012k).

[149] "Art. 18, § 1º. Na hipótese de despedida pelo empregador sem justa causa, depositará este, na conta vinculada do trabalhador no FGTS, importância igual a quarenta por cento do montante de todos os depósitos realizados na conta vinculada durante a vigência do contrato de trabalho, atualizados monetariamente e acrescidos dos respectivos juros." (BRASIL, 2012j).

[150] "Art. 9º, § 1º. No caso de despedida sem justa causa, ainda que indireta, o empregador depositará na conta vinculada do trabalhador no FGTS, importância igual a quarenta por cento do montante de todos os depósitos realizados na conta vinculada durante a vigência do contrato de trabalho, atualizados monetariamente e acrescidos dos respectivos juros, não sendo permitida, para este fim a dedução dos saques ocorridos." (BRASIL, 2012c).

[151] Acórdão do processo 0000330-09.2011.5.04.0702 (RO). Redator: Maria Cristina Schaan Ferreira. Participam: Maria Inês Cunha Dornelles, Maria Helena Lisot. Data: 25/01/2012. Origem: 2ª Vara do Trabalho de Santa Maria.

[152] Acórdão do processo 0000918-11.2010.5.04.0521 (RO). Redator: Ana Rosa Pereira Zago Sagrilo. Participam: Denis Marcelo de Lima Molarinho, José Cesário Figueiredo Teixeira. Data: 01/12/2011. Origem: 1ª Vara do Trabalho de Erechim.

RECURSO DE EMBARGOS – REGÊNCIA PELA LEI Nº 11.496/2007 – CAIXA ECONÔMICA FEDERAL – APOSENTADORIA ESPONTÂNEA – EFEITOS NO CONTRATO DE TRABALHO – MULTA DE 40% DO FGTS – APLICAÇÃO DA ORIENTAÇÃO JURISPRUDENCIAL N° 361 DA SUBSEÇÃO I ESPECIALIZADA EM DISSÍDIOS INDIVIDUAIS DO TST. A aposentadoria espontânea não implica na rescisão do contrato de trabalho caso o empregado permaneça prestando serviços após a jubilação, sendo devida a multa sobre os depósitos do FGTS referentes a todo o período laboral. Inteligência da Orientação Jurisprudencial n° 361 da SBDI-1 do TST. Diante desse contexto, estando a decisão recorrida em consonância com jurisprudência desta Corte, incabível o recurso de embargos, nos termos do art. 894, II, da CLT. Recurso de embargos não conhecido. NATUREZA SALARIAL DO AUXÍLIO-ALIMENTAÇÃO – INTEGRAÇÃO À APOSENTADORIA – APLICAÇÃO DA ORIENTAÇÃO JURISPRUDENCIAL TRANSITÓRIA N° 51 DA SUBSEÇÃO I ESPECIALIZADA EM DISSÍDIOS INDIVIDUAIS DO TST. Os ex-empregados da Caixa Econômica Federal que percebiam em atividade o auxílio-alimentação como parte do salário não podem ter essa verba suprimida nas suas aposentadorias. Inteligência da Orientação Jurisprudencial Transitória n° 51 da SBDI-1 do TST. Assim, estando a decisão recorrida em consonância com jurisprudência desta Corte, incabível o recurso de embargos, nos termos do art. 894, II, da CLT. Recurso de embargos não conhecido.[153]

APOSENTADORIA ESPONTÂNEA. EXTINÇÃO DO CONTRATO DE EMPREGO. FGTS. MULTA DE 40%. 1. A aposentadoria não provoca a extinção do contrato de emprego se o empregado permanece prestando serviços ao empregador após a jubilação. Determinação do Supremo Tribunal Federal para que se rejulgue o recurso, sem a premissa de que a aposentadoria teria, automaticamente, extinguido o contrato de trabalho. Ulterior decisão vinculante do Pleno do STF no mesmo sentido. 2. Não há lei que declare a extinção do contrato de emprego em face da aposentadoria espontaneamente requerida pelo empregado se prossegue a prestação dos serviços ao mesmo empregador. Exatamente o oposto sugere o art. 49 da Lei nº 8.213/91. 3. O *caput* do artigo 453 da CLT disciplina tão-somente a apuração do tempo de serviço em caso de readmissão do empregado cujo contrato de trabalho efetivamente rompeu-se em face de anterior aposentadoria espontânea. Não dá suporte jurídico, assim, para embasar a conclusão de que a aposentadoria espontânea, se prossegue a prestação de serviços em favor do empregador, implica cessação do contrato de trabalho. 4. O empregado faz jus à multa de 40% do FGTS sobre os depósitos de todo o período do contrato de emprego uno, computado o tempo anterior e o posterior à jubilação espontânea seguida da continuidade do labor, contanto que, ao final, opere-se a rescisão do contrato de trabalho sem justa causa. 5. Recurso de revista conhecido e provido.[154]

No que respeita à continuidade do contrato de trabalho após a aposentadoria espontânea de empregado público celetista, o entendimento é de que a vedação de acumulação de salário e proventos de

---

[153] E-ED-RR – 156100-75.2006.5.02.0071, Relator Ministro: Luiz Philippe Vieira de Mello Filho, Data de Julgamento: 10/05/2012, Subseção I Especializada em Dissídios Individuais, Data de Publicação: 18/05/2012.

[154] RR-2501/2002-900-04-00-2, 1ª Turma, Relator Ministro João Oreste Dalazen, publicado em 24.11.2006.

aposentadoria constante no artigo 37, § 10,[155] da Constituição Federal, não atinge os empregados públicos aposentados pelo Regime Geral de Previdência Social (RGPS).

Nesse sentido:

EMBARGOS DE DECLARAÇÃO. OMISSÃO. PROVIMENTO. 1. Aduz a embargante que esta egrégia Turma deve se manifestar quanto ao fato de que a decisão do Supremo Tribunal Federal na ADI nº 1.721-3 não alcança os empregados de empresas públicas e sociedades de economia mista, uma vez que não é possível acumular proventos da aposentadoria e vencimentos, nos termos do artigo 37, XVI e XVII, da Constituição Federal. 2. Para que não seja suscitada posterior negativa de prestação jurisdicional, faz-se necessário prestar alguns esclarecimentos. 3. No caso dos autos, o reclamante era empregado público da Rede Ferroviária Federal S/A, sociedade de economia mista. Sendo assim, está sujeito às regras do regime geral de previdência social que não veda a acumulação de vencimentos com proventos da aposentadoria, e não pelo regime de previdência dos servidores públicos previsto no artigo 40 da Constituição Federal, que faz essa vedação. 4. Embargos de declaração a que se dá provimento, apenas para prestar esclarecimentos.[156]

RECURSO DE REVISTA. APOSENTADORIA ESPONTÂNEA. CONTINUIDADE DO CONTRATO DE TRABALHO. EFEITOS. ACÚMULO DE PROVENTOS DE APOSENTADORIA E SALÁRIO. A vedação de acumulação de salário e proventos de aposentadoria constante no artigo 37, § 10, da Constituição Federal, não atinge os empregados públicos aposentados pelo Regime Geral de Previdência Social (RGPS). Tal vedação se reporta à acumulação de cargo, função ou emprego público com proventos de aposentadoria decorrentes dos arts. 40, 42 e 142 da Constituição Federal, ou seja, de regimes previdenciários especiais, no qual não se encaixa o reclamante. Desse modo, a aposentadoria espontânea do reclamante não desrespeita os preceitos constitucionais relativos à cumulação de proventos e, por conseguinte, não é causa de rescisão compulsória do contrato de trabalho, sendo devidas as verbas resilitórias pertinentes. Recurso de revista conhecido e não provido.[157]

APOSENTADORIA ESPONTÂNEA. EMPREGADO PÚBLICO CELETISTA. EXTINÇÃO DO CONTRATO DE TRABALHO. No caso, aplicável o entendimento do STF nos autos da ADI 1.721-3, no sentido de que a aposentadoria não extingue, *ipso facto*, o contrato de trabalho, sendo devido o aviso prévio e o acréscimo de 40% sobre os depósitos do FGTS de toda a contratualidade, em virtude da presumível rescisão, em razão da jubila-

---

[155] "Art. 37. A administração pública direta e indireta de qualquer dos Poderes da União, dos Estados, do Distrito Federal e dos Municípios obedecerá aos princípios de legalidade, impessoalidade, moralidade, publicidade e eficiência e, também, ao seguinte: [...] § 10. É vedada a percepção simultânea de proventos de aposentadoria decorrentes do art. 40 ou dos arts. 42 e 142 com a remuneração de cargo, emprego ou função pública, ressalvados os cargos acumuláveis na forma desta Constituição, os cargos eletivos e os cargos em comissão declarados em lei de livre nomeação e exoneração." (BRASIL, 2012a).

[156] ED-RR – 6140-79.1999.5.04.0121, Relator Ministro: Guilherme Augusto Caputo Bastos, Data de Julgamento: 12/05/2010, 7ª Turma, Data de Publicação: 21/05/2010.

[157] RR – 120000-38.2009.5.12.0007, Relator Ministro: Augusto César Leite de Carvalho, Data de Julgamento: 09/05/2012, 6ª Turma, Data de Publicação: 18/05/2012.

ção do empregado, por iniciativa do empregador, sem oportunizar àquele a continuidade do contrato.[158]

No caso da aposentadoria por invalidez, o empregado terá seu contrato suspenso pelo prazo que a lei previdenciária fixar, somente havendo a extinção do contrato de trabalho após a confirmação da invalidez permanente pela Previdência, a teor do artigo 475[159] da Consolidação das Leis do Trabalho, tendo em vista que a aposentadoria por invalidez é sempre concedida em caráter precário, enquanto perdurar a incapacidade laboral.

Acerca do tema, Luciano Martinez assevera que:

> O aposentado por invalidez, ao contrário do que ocorre com aquele jubilado espontaneamente, tem afastamento das atividades em *caráter compulsório*, não podendo permanecer nem retornar às atividades laborais. Ao contrário do que muitos imaginam, o aposentado por invalidez, se empregado, mantém-se vinculado ao emprego, *sem qualquer limite temporal*. Deseja-se dizer com isso que a aposentadoria por invalidez no Regime Geral da Previdência Social é mantida enquanto o segurado permanecer incapaz e insuscetível de reabilitação para o exercício de atividade que lhe garanta a subsistência. [grifo do autor][160]

Sobre a conversão da aposentadoria por invalidez em aposentadoria definitiva prevista na Súmula nº 217[161] do STF, cumpre destacar, novamente, Luciano Martinez:

> A ideia de conversão da aposentadoria por invalidez em aposentadoria definitiva depois de cinco anos é o resultado da cristalização de um padrão constante de norma legal não mais vigente. As leis previdenciárias ora aplicáveis preveem não mais do que efeitos diferentes para as hipóteses de recuperação da capacidade de trabalho do aposentado por invalidez antes e depois de cinco anos de afastamento. [...]
>
> Mesmo equívoco pode ser gerado para quem lê a anacrônica Súmula 217 do STF, a qual, também baseada em legislação não mais vigente, sustenta que "tem direito de retornar ao emprego, ou ser indenizado em caso de recusa do empregador, o aposentado

---

[158] Acórdão do processo 0000697-67.2010.5.04.0702 (RO). Redator: Fernando Luiz de Moura Cassal. Participam: Milton Varela Dutra, Denise Pacheco. Data: 07/07/2011. Origem: 2ª Vara do Trabalho de Santa Maria.

[159] "Art. 475. O empregado que for aposentado por invalidez terá suspenso o seu contrato de trabalho durante o prazo fixado pelas leis de previdência social para a efetivação do benefício.§ 1º Recuperando o empregado a capacidade de trabalho e sendo a aposentadoria cancelada, ser-lhe-á assegurado o direito à função que ocupava ao tempo da aposentadoria, facultado, porém, ao empregador, o direito de indenizá-lo por rescisão do contrato de trabalho, nos termos dos arts. 477 e 478, salvo na hipótese de ser ele portador de estabilidade, quando a indenização deverá ser paga na forma do art. 497. § 2º Se o empregador houver admitido substituto para o aposentado, poderá rescindir, com este, o respectivo contrato de trabalho sem indenização, desde que tenha havido ciência inequívoca da interinidade ao ser celebrado o contrato." (BRASIL, 20121b).

[160] MARTINEZ, Luciano. *Curso de direito do trabalho*. São Paulo: Saraiva, 2010, p. 445.

[161] SÚMULA nº 217-STF: "Tem direito de retornar ao emprego, ou ser indenizado em caso de recusa do empregador, o aposentado que recupera a capacidade de trabalho dentro de cinco anos, a contar da aposentadoria, que se torna definitiva após esse prazo".

que recupera a capacidade de trabalho dentro de cinco anos, a contar da aposentadoria, que se torna definitiva após esse prazo". [...] Volta-se a repetir: a aposentadoria por invalidez pode manter o fato gerador indefinidamente, não havendo marcos temporais capazes de modificar os efeitos jurídicos emergentes. [grifo do autor][162]

Nesse sentido é o entendimento do Tribunal Superior do Trabalho e parte da jurisprudência do Tribunal Regional:

RECURSO DE REVISTA – ILEGITIMIDADE PASSIVA. MANUTENÇÃO DE PLANO DE SAÚDE. A relação jurídica de direito material não se confunde com a de direito processual, pois essa última depende da titularidade dos interesses materiais em conflito afirmados em juízo, de modo que, tendo a Reclamante uma pretensão resistida pelo Reclamado, é ele parte legítima para figurar no pólo passivo da demanda. Recurso de Revista não conhecido.

MANUTENÇÃO DE PLANO DE SAÚDE. APOSENTADORIA POR INVALIDEZ. A jurisprudência desta Corte firmou-se no sentido de que a suspensão do contrato de trabalho decorrente de aposentadoria por invalidez ou da concessão de auxílio-doença faz cessar apenas as obrigações principais do contrato de trabalho, mantendo-se o direito de acesso ao plano de saúde durante a percepção do benefício previdenciário, pois tal direito decorre diretamente do contrato e, não, da prestação de serviços. Recurso de Revista não conhecido.[163]

AGRAVO DE INSTRUMENTO. ADMISSIBILIDADE. APOSENTADORIA POR INVALIDEZ. PLANO DE SAÚDE. CANCELAMENTO. DANO MORAL. INDENIZAÇÃO. Inadmissível recurso de revista em que não se demonstra divergência específica, tampouco violação de dispositivo de lei federal. Pressupostos inafastáveis à admissibilidade de recurso de revista, à luz do artigo 896 da CLT. Agravo de instrumento a que se nega provimento.[164]

APOSENTADORIA POR INVALIDEZ NO CURSO DO CONTRATO DE TRABALHO. MANUTENÇÃO DO PLANO DE SAÚDE AO EMPREGADO. No caso de aposentadoria por invalidez, embora suspenso, o vínculo empregatício entre as partes mantém-se íntegro, fazendo jus o empregado ao reestabelecimento do plano de saúde mantido pela empregadora, porquanto não é possível suprimir condição que já aderiu ao contrato de trabalho.[165]

APOSENTADORIA POR INVALIDEZ. RESTABELECIMENTO DO PLANO DE SAÚDE. A aposentadoria por invalidez tem por presunção a incapacidade definitiva – art. 43, § 1º, da Lei 8.213/91, mas pode ser revertida a qualquer tempo, motivo pelo qual o

---

[162] MARTINEZ, Luciano. *Curso de direito do trabalho*. São Paulo: Saraiva, 2010, p. 445-447. Na mesma linha de entendimento: IBRAHIM, Fábio Zambitte. *Curso de direito previdenciário*. 12. ed. Rio de Janeiro: Impetus, 2008, p. 528-529.

[163] RR – 84500-85.2005.5.05.0025, Relator Ministro: Márcio Eurico Vitral Amaro, Data de Julgamento: 12/05/2010, 8ª Turma, Data de Publicação: 14/05/2010.

[164] AIRR – 103740-50.2007.5.01.0074, Relator Ministro: Emmanoel Pereira, Data de Julgamento: 12/05/2010, 5ª Turma, Data de Publicação: 21/05/2010.

[165] Acórdão do processo 0001369-33.2010.5.04.0231 (RO). Redator: Maria Madalena Telesca. Participam: Denis Marcelo de Lima Molarinho, Wilson Carvalho Dias. Data: 04/08/2011. Origem: 1ª Vara do Trabalho de Gravataí.

contrato de trabalho é considerado suspenso. Tal premissa autoriza a manutenção e/ou restabelecimento do plano de saúde enquanto o vínculo, mesmo que precário, permaneça incólume. Apelo provido.[166]

Entretanto, pertinentes argumentos não encontram guarida em parte da jurisprudência do Tribunal Regional do trabalho da 4ª Região, que utiliza o prazo de cinco anos de gozo de aposentadoria por invalidez, como limite para concessão de plano de saúde ao empregado com contrato suspenso pelo referido benefício:

APOSENTADORIA POR INVALIDEZ. SUSPENSÃO DO CONTRATO DE TRABALHO. MANUTENÇÃO DO PLANO DE SAÚDE. Ainda que a suspensão do contrato de trabalho obste os principais efeitos do contrato, não atingindo a concessão do plano de saúde por parte do empregador, isto não autoriza estender tal obrigação durante todo o período de gozo de aposentadoria por invalidez, sendo razoável a observância do prazo de cinco anos previsto no artigo 47, inciso I, da Lei nº 8.213/1991 para a recuperação da capacidade laboral do trabalhador. Inteligência do artigo 475 da CLT. Recurso interposto pela reclamante a que se nega provimento no item.[167]

APOSENTADORIA POR INVALIDEZ. CINCO ANOS. EXTINÇÃO DO CONTRATO. MANUTENÇÃO DO PLANO DE SAÚDE. Decorridos cinco anos desde a aposentadoria por invalidez, quando se considera o contrato extinto, em interpretação ao artigo 47 da Lei 8.213/91, não há obrigação da reclamada para que continue mantendo a participação do autor em plano de saúde como se empregado fosse.[168]

Por derradeiro, na aposentadoria compulsória do empregado (por idade: 70 anos, homem; 65, se mulher) requerida pelo empregador, será devida a indenização de 40% sobre dos depósitos fundiários, nos casos de contrato por prazo indeterminado, conforme artigo 51[169] da Lei 8.213/91.

Ressalta-se que o estudo de situações mais específicas concernentes aos efeitos trabalhistas da aposentadoria espontânea será dedicado oportunamente no capítulo terceiro da presente obra.

---

[166] Acórdão do processo 0000006-66.2011.5.04.0751 (RO). Redator: Raul Zoratto Sanvicente. Participam: Tânia Maciel de Souza, Vania Mattos Data: 06/10/2011 Origem: Vara do Trabalho de Santa Rosa.

[167] Acórdão do processo 0000628-30.2010.5.04.0251 (RO). Redator: João Alfredo Borges Antunes se Miranda. Participam: Carmen Gonzalez, Ricardo Hofmeister se Almeida Martins Costa. Data: 22/09/2011. Origem: 1ª Vara do Trabalho de Cachoeirinha.

[168] Acórdão do processo 0000422-21.2010.5.04.0702 (RO). Redator: Leonardo Meurer Brasil. Participam: Clóvis Fernando Schuch Santos, João Batista se Matos Danda. Data: 20/10/2011. Origem: 2ª Vara do Trabalho de Santa Maria.

[169] "Art. 51. A aposentadoria por idade pode ser requerida pela empresa, desde que o segurado empregado tenha cumprido o período de carência e completado 70 (setenta) anos de idade, se do sexo masculino, ou 65 (sessenta e cinco) anos, se do sexo feminino, sendo compulsória, caso em que será garantida ao empregado a indenização prevista na legislação trabalhista, considerada como data da rescisão do contrato de trabalho a imediatamente anterior à do início da aposentadoria." (BRASIL, 2012k).

3. Aposentadoria espontânea

3.1. CONCEITO

Considerando que a grande maioria das doutrinas existentes não possui um conceito específico para a aposentadoria espontânea, pertinente conceituar o que seria a aposentadoria, em seu gênero, a fim de chegar-se a uma ideia aproximada da espécie aposentadoria espontânea.

Aposentar-se vem do verbo latino intransitivo *pausare*, que significa parar, cessar, descansar. Corresponde em francês, ao verbo *retirer* ou *retraiter*, com o sentido de retirar-se, recolher-se em casa; em inglês, ao verbo *to retire*: recolher-se, ir embora.[170]

Em matéria previdenciária, a aposentadoria é um benefício de pagamento continuado da previdência social, em seus regimes geral e próprio, desde que preenchidos os requisitos para a sua concessão, podendo ser considerado o benefício mais importante.[171]

As espécies de aposentadoria constituem prestações previdenciárias que visam a garantir a subsistência de seus beneficiários em razão de eventos que lhes diminuem ou eliminam a sua capacidade de autossustento. Portanto, as prestações previdenciárias possuem o objetivo de indenizar o beneficiário mediante prestações pecuniárias ou a realização de determinados serviços, estes com o intuito de reabilitação.[172]

Nas lições de Feijó Coimbra:

> Aposentadoria é a prestação previdenciária concedida pela ocorrência do risco social invalidez. Esta tanto poderá ser a que se apura efetiva, em uma perícia médica, como

---

[170] SUSSEKIND, Arnaldo; MARANHÃO, Délio; VIANNA, Segadas; TEIXEIRA, Lima. *Instituições de direito do trabalho*. 20. ed. atual. São Paulo: LTr, 2002, p. 608.

[171] LEITE, Celso Barroso. *Dicionário enciclopédico de previdência social*. São Paulo: LTr, 1996, p. 16-17.

[172] DIAS, Eduardo Rocha; MACEDO, José Leandro Monteiro de. *Curso de direito previdenciário*. São Paulo: Método, 2008, p. 195-197.

aquela que a lei presume, ante circunstâncias que o legislador teve como geradora de incapacidade laborativa. Assim, a concedida por velhice, considerada como fator incapacitante por si mesma; a que se dá ao trabalhador após certo tempo de serviço, ao qual se atribui o mesmo caráter de gerador de desgaste físico e, a especial, destinada ao trabalhador empenhado em atividades que, pelo reconhecido teor de periculosidade, de penosidade ou de insalubridade, persuadiram o legislador a tê-las como fator incapacitante após certo lapso de tempo mais curto [...].[173]

O termo aposentadoria hoje em dia traduz a ideia de inatividade involuntária ou a faculdade do trabalhador em permanecer em casa, sem trabalhar, mas recebendo remuneração, muito embora o aposentado brasileiro assuma uma postura de trabalhador em plena vitalidade ao continuar trabalhando, quer pela necessidade financeira, quer pela prematuridade com que se aposentou.

Destarte, a aposentadoria voluntária ou espontânea é aquela em que o próprio empregado requer, seja em razão da idade, por tempo de contribuição ou por ser especial, que lhe seja concedido benefício junto à Previdência Social.[174]

3.2. NATUREZA JURÍDICA

Considerando o interesse público presente no provimento da proteção previdenciária a aposentadoria está submetida à égide do regime jurídico público.[175]

Corroborando esse entendimento, Miguel Horvath Júnior assevera que o direito previdenciário é direito público, haja vista que sua legislação está intimamente ligada à estrutura do Estado e aos direitos do indivíduo, possuindo assim, caráter cogente e natureza de ordem pública.[176]

Ressalta-se, entretanto, entendimento doutrinário minoritário diverso, reputando ao Direito Previdenciário natureza jurídica mista, visto que atua com instituições públicas e privadas.

---

[173] COIMBRA, José dos Reis Feijó. *Direito previdenciário brasileiro.* 11. ed. Rio de Janeiro: Edições Trabalhistas, 2001, p. 155-156.

[174] CASTRO, Carlos Alberto Pereira de; LAZZARI, João Batista. *Manual de direito previdenciário.* 8. ed. Florianópolis: Conceito Editorial, 2007. p 187.

[175] DIAS, Eduardo Rocha; MACEDO, José Leandro Monteiro de. *Curso de direito previdenciário.* São Paulo: Método, 2008, p. 197.

[176] HORVATH JÚNIOR, Miguel. *Direito previdenciário.* 6. ed. São Paulo: Quartier Latin, 2006, p. 97-98.

3.3. ESPÉCIES DE APOSENTADORIA ESPONTÂNEA

As formas de aposentadoria encontram-se elencadas no artigo 18 da Lei 8.213/91, a saber:

* aposentadoria por invalidez;
* aposentadoria por idade;
* aposentadoria por tempo de contribuição;
* aposentadoria especial.

As aposentadorias consideradas espontâneas são aquelas requeridas pelo empregado, como a aposentadoria por idade, por tempo de contribuição e especial, tendo em vista que a aposentadoria por invalidez e a aposentadoria compulsória requerida pelo empregador (mulher aos 65 anos de idade e homem aos 70 anos), independem da vontade do empregado.

Aposentadoria por tempo de contribuição.

Base legal: artigo 201, § 7º, I,[177] da Constituição Federal e artigos 52 a 56[178] da Lei 8.213/91 (LBPS).

---

[177] "Art. 201. A previdência social será organizada sob a forma de regime geral, de caráter contributivo e de filiação obrigatória, observados critérios que preservem o equilíbrio financeiro e atuarial, e atenderá, nos termos da lei, a: [...] § 7º É assegurada aposentadoria no regime geral de previdência social, nos termos da lei, obedecidas as seguintes condições: (Redação dada pela Emenda Constitucional nº 20, de 1998) I – trinta e cinco anos de contribuição, se homem, e trinta anos de contribuição, se mulher; [...]" (BRASIL, 2012a)

[178] "Art. 52. A aposentadoria por tempo de serviço será devida, cumprida a carência exigida nesta Lei, ao segurado que completar 25 (vinte e cinco) anos de serviço, se do sexo feminino, ou 30 (trinta) anos, se do sexo masculino. Art. 53. A aposentadoria por tempo de serviço, observado o disposto na Seção III deste Capítulo, especialmente no art. 33, consistirá numa renda mensal de: I – para a mulher: 70% (setenta por cento) do salário-de-benefício aos 25 (vinte e cinco) anos de serviço, mais 6% (seis por cento) deste, para cada novo ano completo de atividade, até o máximo de 100% (cem por cento) do salário-de-benefício aos 30 (trinta) anos de serviço; II – para o homem: 70% (setenta por cento) do salário-de-benefício aos 30 (trinta) anos de serviço, mais 6% (seis por cento) deste, para cada novo ano completo de atividade, até o máximo de 100% (cem por cento) do salário-de-benefício aos 35 (trinta e cinco) anos de serviço. Art. 54. A data do início da aposentadoria por tempo de serviço será fixada da mesma forma que a da aposentadoria por idade, conforme o disposto no art. 49. Art. 55. O tempo de serviço será comprovado na forma estabelecida no Regulamento, compreendendo, além do correspondente às atividades de qualquer das categorias de segurados de que trata o art. 11 desta Lei, mesmo que anterior à perda da qualidade de segurado: I – o tempo de serviço militar, inclusive o voluntário, e o previsto no § 1º do art. 143 da Constituição Federal, ainda que anterior à filiação ao Regime Geral de Previdência Social, desde que não tenha sido contado para inatividade remunerada nas Forças Armadas ou aposentadoria no serviço público; II – o tempo intercalado em que esteve em gozo de auxílio-doença ou aposentadoria por invalidez; III – o tempo de contribuição efetuada como segurado facultativo; IV – o tempo de serviço referente ao exercício de mandato eletivo federal, estadual ou municipal, desde que não tenha sido contado para efeito de aposentadoria por outro regime de previdência social; V – o tempo de contribuição efetuado por segurado depois de ter deixado de exercer atividade remunerada que o enquadrava no art. 11 desta Lei; VI – o tempo de contribuição efetuado com base nos artigos 8º

A aposentadoria por tempo de serviço, existente em período anterior à EC nº 20, de 15.12.1998, foi substituída pela atual aposentadoria por tempo de contribuição, enfatizando o aspecto contributivo no regime previdenciário.

Na aposentadoria por tempo de contribuição, o risco social a ser protegido é o trabalho desenvolvido ao longo dos anos, o mercado de trabalho restrito para as pessoas de meia-idade e a própria idade avançada do trabalhador, principalmente o de classe mais baixa, estando ele próximo da aposentadoria por idade.

Trata-se de benefício substituidor do salário, de pagamento continuado e definitivo, assumindo caráter distributivo e forma de poupança coletiva em favor do segurado.[179]

Fábio Zambitte Ibrahim entende que o benefício da aposentadoria por tempo de contribuição, em sua atual configuração, não se coaduna com a lógica protetiva da previdência pública, pois permite a jubilação em idades muito inferiores ao que se poderia rotular de *idade avançada*, deturpando a finalidade do princípio da solidariedade no sistema previdenciário, uma vez que, somente as classes superiores conseguem obtê-lo, em razão das dificuldades de comprovação de longos períodos de contribuição pelo trabalhador de baixa renda.[180]

Complementado este entendimento, Eduardo Rocha Dias assevera que:

---

e 9º da Lei nº 8.162, de 8 de janeiro de 1991, pelo segurado definido no artigo 11, inciso I, alínea "g", desta Lei, sendo tais contribuições computadas para efeito de carência. § 1º A averbação de tempo de serviço durante o qual o exercício da atividade não determinava filiação obrigatória ao anterior Regime de Previdência Social Urbana só será admitida mediante o recolhimento das contribuições correspondentes, conforme dispuser o Regulamento, observado o disposto no § 2º. § 2º O tempo de serviço do segurado trabalhador rural, anterior à data de início de vigência desta Lei, será computado independentemente do recolhimento das contribuições a ele correspondentes, exceto para efeito de carência, conforme dispuser o Regulamento. § 3º A comprovação do tempo de serviço para os efeitos desta Lei, inclusive mediante justificação administrativa ou judicial, conforme o disposto no art. 108, só produzirá efeito quando baseada em início de prova material, não sendo admitida prova exclusivamente testemunhal, salvo na ocorrência de motivo de força maior ou caso fortuito, conforme disposto no Regulamento. § 4º Não será computado como tempo de contribuição, para efeito de concessão do benefício de que trata esta subseção, o período em que o segurado contribuinte individual ou facultativo tiver contribuído na forma do § 2º do art. 21 da Lei nº 8.212, de 24 de julho de 1991, salvo se tiver complementado as contribuições na forma do § 3º do mesmo artigo. Art. 56. O professor, após 30 (trinta) anos, e a professora, após 25 (vinte e cinco) anos de efetivo exercício em funções de magistério poderão aposentar-se por tempo de serviço, com renda mensal correspondente a 100% (cem por cento) do salário-de-benefício, observado o disposto na Seção III deste Capítulo." (BRASIL, 2012k).

[179] MARTINEZ, Wladimir Novaes. *Curso de direito previdenciário, tomo II:* previdência social. 2. ed. São Paulo: LTr, 2003, p. 717-718.

[180] IBRAHIM, Fábio Zambitte. *Curso de direito previdenciário.* 12. ed. Rio de Janeiro: Impetus, 2008, p. 541.

[...] o tempo de contribuição, na verdade, não se constitui verdadeira contingência social, visto que, por si só, não diminui nem elimina a capacidade de autossustento do segurado.[181]

Aposentadoria por idade.

Base Legal: artigo 201, § 7º, II,[182] da Constituição Federal e artigos 48 a 51[183] da Lei 8.213/91 (LBPS).

É o tradicional benefício da previdência social, substituidor dos salários, contínuo e definitivo, devido ao segurado com a idade mínima determinada na lei e não obsta o retorno ao trabalho.

Na aposentadoria por idade não se utiliza o fator previdenciário, somente com o intuito de majorar o benefício.

---

[181] DIAS, Eduardo Rocha; MACEDO, José Leandro Monteiro de. *Curso de direito previdenciário*. São Paulo: Método, 2008, p. 269.

[182] "Art. 201. A previdência social será organizada sob a forma de regime geral, de caráter contributivo e de filiação obrigatória, observados critérios que preservem o equilíbrio financeiro e atuarial, e atenderá, nos termos da lei, a: [...] § 7º É assegurada aposentadoria no regime geral de previdência social, nos termos da lei, obedecidas as seguintes condições: II – sessenta e cinco anos de idade, se homem, e sessenta anos de idade, se mulher, reduzido em cinco anos o limite para os trabalhadores rurais de ambos os sexos e para os que exerçam suas atividades em regime de economia familiar, nestes incluídos o produtor rural, o garimpeiro e o pescador artesanal." (BRASIL, 2012a).

[183] "Art. 48. A aposentadoria por idade será devida ao segurado que, cumprida a carência exigida nesta Lei, completar 65 (sessenta e cinco) anos de idade, se homem, e 60 (sessenta), se mulher. § 1º Os limites fixados no *caput* são reduzidos para sessenta e cinqüenta e cinco anos no caso de trabalhadores rurais, respectivamente homens e mulheres, referidos na alínea *a* do inciso I, na alínea *g* do inciso V e nos incisos VI e VII do art. 11. § 2º Para os efeitos do disposto no § 1º deste artigo, o trabalhador rural deve comprovar o efetivo exercício de atividade rural, ainda que de forma descontínua, no período imediatamente anterior ao requerimento do benefício, por tempo igual ao número de meses de contribuição correspondente à carência do benefício pretendido, computado o período a que se referem os incisos III a VIII do § 9º do art. 11 desta Lei. § 3º Os trabalhadores rurais de que trata o § 1º deste artigo que não atendam ao disposto no § 2º deste artigo, mas que satisfaçam essa condição, se forem considerados períodos de contribuição sob outras categorias do segurado, farão jus ao benefício ao completarem 65 (sessenta e cinco) anos de idade, se homem, e 60 (sessenta) anos, se mulher. § 4º Para efeito do § 3º deste artigo, o cálculo da renda mensal do benefício será apurado de acordo com o disposto no inciso II do *caput* do art. 29 desta Lei, considerando-se como salário-de-contribuição mensal do período como segurado especial o limite mínimo de salário-de-contribuição da Previdência Social. Art. 49. A aposentadoria por idade será devida: I – ao segurado empregado, inclusive o doméstico, a partir de: a) da data do desligamento do emprego, quando requerida até essa data ou até 90 (noventa) dias depois dela; ou b) da data do requerimento, quando não houver desligamento do emprego ou quando for requerida após o prazo previsto na alínea 'a'; II – para os demais segurados, da data da entrada do requerimento. Art. 50. A aposentadoria por idade, observado o disposto na Seção III deste Capítulo, especialmente no art. 33, consistirá numa renda mensal de 70% (setenta por cento) do salário-de-benefício, mais 1% (um por cento) deste, por grupo de 12 (doze) contribuições, não podendo ultrapassar 100% (cem por cento) do salário-de-benefício. Art. 51. A aposentadoria por idade pode ser requerida pela empresa, desde que o segurado empregado tenha cumprido o período de carência e completado 70 (setenta) anos de idade, se do sexo masculino, ou 65 (sessenta e cinco) anos, se do sexo feminino, sendo compulsória, caso em que será garantida ao empregado a indenização prevista na legislação trabalhista, considerada como data da rescisão do contrato de trabalho a imediatamente anterior à do início da aposentadoria." (BRASIL, 2012k).

Aposentadoria especial.

Base legal: Artigo 201, § 1º,[184] da Constituição Federal e artigos 57 e 58[185] da Lei 8.213/91 (LBPS).

Possui caráter definitivo, imprescritível, substituidor dos salários, podendo ser suspenso caso o beneficiário retorne ao trabalho em atividade especial.

---

[184] "Art. 201. A previdência social será organizada sob a forma de regime geral, de caráter contributivo e de filiação obrigatória, observados critérios que preservem o equilíbrio financeiro e atuarial, e atenderá, nos termos da lei, a: § 1º É vedada a adoção de requisitos e critérios diferenciados para a concessão de aposentadoria aos beneficiários do regime geral de previdência social, ressalvados os casos de atividades exercidas sob condições especiais que prejudiquem a saúde ou a integridade física e quando se tratar de segurados portadores de deficiência, nos termos definidos em lei complementar." (BRASIL, 2012a).

[185] "Art. 57. A aposentadoria especial será devida, uma vez cumprida a carência exigida nesta Lei, ao segurado que tiver trabalhado sujeito a condições especiais que prejudiquem a saúde ou a integridade física, durante 15 (quinze), 20 (vinte) ou 25 (vinte e cinco) anos, conforme dispuser a lei. § 1º A aposentadoria especial, observado o disposto no art. 33 desta Lei, consistirá numa renda mensal equivalente a 100% (cem por cento) do salário-de-benefício. § 2º A data de início do benefício será fixada da mesma forma que a da aposentadoria por idade, conforme o disposto no art. 49. § 3º A concessão da aposentadoria especial dependerá de comprovação pelo segurado, perante o Instituto Nacional do Seguro Social–INSS, do tempo de trabalho permanente, não ocasional nem intermitente, em condições especiais que prejudiquem a saúde ou a integridade física, durante o período mínimo fixado. § 4º O segurado deverá comprovar, além do tempo de trabalho, exposição aos agentes nocivos químicos, físicos, biológicos ou associação de agentes prejudiciais à saúde ou à integridade física, pelo período equivalente ao exigido para a concessão do benefício. § 5º O tempo de trabalho exercido sob condições especiais que sejam ou venham a ser consideradas prejudiciais à saúde ou à integridade física será somado, após a respectiva conversão ao tempo de trabalho exercido em atividade comum, segundo critérios estabelecidos pelo Ministério da Previdência e Assistência Social, para efeito de concessão de qualquer benefício. § 6º O benefício previsto neste artigo será financiado com os recursos provenientes da contribuição de que trata o inciso II do art. 22 da Lei nº 8.212, de 24 de julho de 1991, cujas alíquotas serão acrescidas de doze, nove ou seis pontos percentuais, conforme a atividade exercida pelo segurado a serviço da empresa permita a concessão de aposentadoria especial após quinze, vinte ou vinte e cinco anos de contribuição, respectivamente. § 7º O acréscimo de que trata o parágrafo anterior incide exclusivamente sobre a remuneração do segurado sujeito às condições especiais referidas no *caput*. § 8º Aplica-se o disposto no art. 46 ao segurado aposentado nos termos deste artigo que continuar no exercício de atividade ou operação que o sujeite aos agentes nocivos constantes da relação referida no art. 58 desta Lei. Art. 58. A relação dos agentes nocivos químicos, físicos e biológicos ou associação de agentes prejudiciais à saúde ou à integridade física considerados para fins de concessão da aposentadoria especial de que trata o artigo anterior será definida pelo Poder Executivo. § 1º A comprovação da efetiva exposição do segurado aos agentes nocivos será feita mediante formulário, na forma estabelecida pelo Instituto Nacional do Seguro Social – INSS, emitido pela empresa ou seu preposto, com base em laudo técnico de condições ambientais do trabalho expedido por médico do trabalho ou engenheiro de segurança do trabalho nos termos da legislação trabalhista. § 2º Do laudo técnico referido no parágrafo anterior deverão constar informação sobre a existência de tecnologia de proteção coletiva ou individual que diminua a intensidade do agente agressivo a limites de tolerância e recomendação sobre a sua adoção pelo estabelecimento respectivo. § 3º A empresa que não mantiver laudo técnico atualizado com referência aos agentes nocivos existentes no ambiente de trabalho de seus trabalhadores ou que emitir documento de comprovação de efetiva exposição em desacordo com o respectivo laudo estará sujeita à penalidade prevista no art. 133 desta Lei. § 4º A empresa deverá elaborar e manter atualizado perfil profissiográfico abrangendo as atividades desenvolvidas pelo trabalhador e fornecer a este, quando da rescisão do contrato de trabalho, cópia autêntica desse documento." (BRASIL, 2012k).

Na essência, a aposentadoria especial é uma modalidade de aposentadoria por tempo de contribuição, com redução deste, devida ao segurado que tiver trabalhado sujeito a condições especiais que prejudiquem a saúde ou a integridade física, durante 15, 20 ou 25 anos.

O fundamento da concessão da aposentadoria especial é a presunção da incapacidade laborativa do trabalhador em razão do empenho das atividades em condições penosas, perigosas ou insalubres, reconhecidas em lei como fator de desgaste físico, sem prévia perícia médica atestadora desta incapacidade.[186]

3.4. REQUISITOS PARA A CONCESSÃO DA APOSENTADORIA ESPONTÂNEA

Para pleitear a aposentadoria o empregado deve observar todos os requisitos necessários, sob pena de indeferimento do pedido.

Aposentadoria por tempo de contribuição.

- Trinta e cinco (35) anos de contribuição para homem e trinta (30) anos de contribuição para a mulher. Há a redução de 05 (cinco) anos para professor(a) que comprove, exclusivamente, tempo de efetivo exercício em função de magistério na Educação Infantil, no Ensino Fundamental ou no Ensino Médio.

Com a EC nº 20/98, na fase de transição, foi fixado limite de idade de 48 anos, para as mulheres, e 53 anos para os homens, no caso da aposentadoria proporcional.

Sem qualquer limite de idade para a aposentadoria integral. Entretanto, deve-se atentar à Lei nº 9.876/99 que dispõe sobre o fator previdenciário.

- O período de carência para a aposentadoria por tempo de contribuição é:

  a) Para o segurado filiado ao Regime Geral da Previdência Social a partir de 25.07.1991: 180 contribuições (artigo 25, II,[187] da Lei 8.213/91);

---

[186] COIMBRA, José dos Reis Feijó. *Direito previdenciário brasileiro*. 11. ed. Rio de Janeiro: Edições Trabalhistas, 2001, p. 156.

[187] "Art. 25. A concessão das prestações pecuniárias do Regime Geral de Previdência Social depende dos seguintes períodos de carência, ressalvado o disposto no art. 26: [...] II – aposentadoria por idade, aposentadoria por tempo de serviço e aposentadoria especial: 180 contribuições mensais." (BRASIL, 2012k)

b) para o segurado filiado ao Regime Geral de Previdência Social até 24.07.1991: aplica-se a tabela de transição do artigo 142 da Lei 8.213/91.

Aposentadoria por idade.

- Sessenta e cinco (65) anos de idade, se homem; sessenta (60) anos de idade, se mulher;

  Trabalhadores rurais: sessenta (60) anos, homem; cinquenta e cinco (55) anos, mulher.

- O período de carência para a aposentadoria por idade é:

  a) Para o segurado filiado ao Regime Geral da Previdência Social a partir de 25.07.1991: 180 contribuições (artigo 25, II, da Lei 8.213/91);

  b) para o segurado filiado ao Regime Geral de Previdência Social até 24.07.1991: aplica-se a tabela de transição do artigo 142 da Lei 8.213/91.

Ressalta-se que a Lei 10.666/03, em seu artigo 3º, § 1º,[188] prevê que a perda da qualidade de segurado não será considerada para a concessão deste benefício. Logo, poderá implementar o requisito da idade e obter a aposentação, mesmo já não sendo mais filiado ao Regime Geral da Previdência Social, desde que já possua a carência.[189]

Aposentadoria especial.

- O período de carência para a aposentadoria por idade é:

  a) Para o segurado filiado ao Regime Geral da Previdência Social a partir de 25.07.1991: 180 contribuições (artigo 25, II, da Lei 8.213/91);

  b) para o segurado filiado ao Regime Geral de Previdência Social até 24.07.1991: aplica-se a tabela de transição do artigo 142 da Lei 8.213/91.

- Comprovação do tempo de trabalho permanente, não ocasional nem intermitente, em condições especiais que prejudiquem a

---

[188] "Art. 3º A perda da qualidade de segurado não será considerada para a concessão das aposentadorias por tempo de contribuição e especial. § 1º Na hipótese de aposentadoria por idade, a perda da qualidade de segurado não será considerada para a concessão desse benefício, desde que o segurado conte com, no mínimo, o tempo de contribuição correspondente ao exigido para efeito de carência na data do requerimento do benefício." (BRASIL, 2012n).

[189] Súmula nº 02 TRU4: Para a concessão da aposentadoria por idade, não é necessário que os requisitos da idade e da carência sejam preenchidos simultaneamente. DJ (Seção 2) de 09/04/2003, p. 421.

saúde ou a integridade física do trabalhador, durante o período mínimo fixado.[190]

- Comprovação da exposição aos agentes nocivos químicos, físicos, biológicos ou associação de agentes prejudiciais à saúde ou à integridade física, pelo critério equivalente ao exigido para a concessão do benefício.[191] Necessário o preenchimento pela empresa do PPP (perfil profissiográfico previdenciário) com base em laudo pericial.

Entende-se por agentes nocivos aqueles que possam ocasionar danos à saúde ou à integridade física do trabalhador, em função de sua natureza, concentração, intensidade e exposição:[192]

a) agentes físicos: ruídos, vibrações, calor, pressões anormais, radiações ionizantes e não ionizantes etc.;

b) agentes químicos: manifestados por meio de névoas, neblinas, poeiras, gases e vapores de substâncias nocivas;

c) agentes biológicos: bactérias, fungos, vírus, bacilos, parasitas, etc.

Entendimento jurisprudencial assevera que não importa o fato da atividade não estar descrita nos regulamentos, desde que a realização da perícia comprove as condições especiais em que a atividade for desempenhada. Nesse sentido a Súmula 198[193] do Tribunal Federal de Recursos.

A aposentadoria especial será suspensa se o aposentado retornar ao trabalho em atividades com agentes nocivos, segundo o artigo 57, § 8º da Lei 8.213/91; deixando de exercer atividade especial, poderá restabelecer o benefício.

---

[190] Conforme disposto no artigo 65 do Decreto nº 3.048/99.

[191] Os agentes especiais estão previstos no Decreto nº 3.048/99.

[192] DIAS, Eduardo Rocha; MACEDO, José Leandro Monteiro de. *Curso de direito previdenciário*. São Paulo: Método, 2008, p. 299.

[193] Súmula 198/TFR. Seguridade social. Aposentadoria especial. Atividade insalubre, perigosa ou penosa. Constatação por perícia judicial. "atendidos os demais requisitos, é devida a aposentadoria especial, se perícia judicial constata que a atividade exercida pelo segurado é perigosa, insalubre ou penosa, mesmo não inscrita em regulamento".

4. A aposentadoria espontânea e efeitos trabalhistas

4.1. O ARTIGO 453 DA CONSOLIDAÇÃO DAS LEIS DO TRABALHO

Importante se faz, no presente trabalho, interpretar a intenção do legislador na redação do artigo 453 celetista.

Destarte, em 1943, quando publicada a Consolidação das Leis do Trabalho, referido artigo possuía a seguinte redação:

> Art. 453. No tempo de serviço do empregado, quando readmitido, serão computados os períodos, ainda que não contínuos, em que tiver trabalhado anteriormente na empresa, saldo se houver sido despedido por falta grave ou recebido indenização legal.[194]

Primeiramente, cumpre destacar que em 1943 não existia a previdência mantida pelo poder público nos moldes atuais, regulamentada somente para algumas categorias,[195] razão pela qual não existia a expressão final do citado artigo, a qual foi inserida pela Lei n° 6.204/75. Destarte a atual redação do *caput* do artigo 453 é a seguinte:

> Art. 453. No tempo de serviço do empregado, quando readmitido, serão computados os períodos, ainda que não contínuos, em que tiver trabalhado anteriormente na empresa, salvo se houver sido despedido por falta grave, recebido indenização legal ou se aposentado espontaneamente.[196]

Da análise do artigo em comento, pode-se verificar que, como redigido em 1943, o tempo de serviço a que se refere o legislador é aquele para fins de obtenção de estabilidade definitiva, existente à época com

---

[194] BRASIL. *Decreto-Lei n° 5.452, de 1° de maio de 1943*. Aprova a Consolidação das Leis do Trabalho. Disponível em: <http://www.planalto.gov.br/ccivil_03/decreto-lei/del5452.htm>. Acesso em: 3 maio 2012g.

[195] A primeira lei em nosso país a tratar da previdência social mantida pelo Poder Público e estendida a todos os cidadãos foi a Lei Orgânica da Previdência Social (LOPS), número 3.807/60.

[196] BRASIL. *CLT [Consolidação das leis do trabalho]-LTr*: 2012: [Compilado por] Armando Casimiro Costa, Irany Ferrari [e] Melchíades Rodrigues Martins. 39. ed. São Paulo: LTr, 2012b.

o intuito de proteger o trabalhador sem opção pelo FGTS, o qual permanecia por mais de dez anos prestando serviços ao mesmo empregador.

Por sua vez, a indenização legal a que se refere o legislador celetista, corresponde àquela existente para empregados sem opção pelo FGTS, nas hipóteses em que o tempo de serviço não totalizava dez anos, sendo o direito equivalente a um salário para cada ano trabalhado ou fração superior a seis meses (artigo 478 da Consolidação das Leis do Trabalho).

Assim, a redação original do artigo 453 apregoava, em sua primeira parte, que se a empresa tentasse obstar o direito de estabilidade de seus empregados por meio da prática da rescisão contratual, tal procedimento não surtiria qualquer efeito jurídico, visto que os períodos de trabalho prestados ao mesmo empregador, mesmo que descontínuos, seriam somados para fins de tempo de serviço. A segunda parte do dispositivo previa as exceções.

Quanto à exceção da rescisão por aposentadoria, esta foi inserida pela Lei n° 6.204/75, época em que a legislação previdenciária exigia o desligamento do empregado para a concessão do benefício.[197]

Destarte, da interpretação histórica e contextual do artigo 453 da Consolidação das Leis do Trabalho, depreende-se que o legislador celetista limitou-se a regular a apuração do tempo de serviço do empregado, quando readmitido,[198] protegendo-o contra dispensas arbitrárias promovidas pela empresa com o intuito único de fraudar o direito à estabilidade definitiva, então existente. Em 1966 – quando a legislação previdenciária passou a vincular a concessão da aposentadoria à extinção do contrato individual de trabalho[199] – as empresas passaram a não readmitir os empregados jubilados, sob pena de contagem de tempo

---

[197] A Lei n° 3.807/60, em seu artigo 32, instituiu o benefício da aposentadoria sem vincular sua concessão à rescisão contratual. Somente a contar de 21.11.1966, quando da inserção do § 7° ao referido artigo, foi que a legislação previdenciária vinculou a concessão do benefício da aposentadoria à extinção do vínculo empregatício eventualmente mantido pelo segurado. Posteriormente, a Lei n° 3.807/60 sofreu diversas alterações em que o legislador previdenciário oscilou em exigir ou não a extinção do contrato de trabalho para a concessão da aposentadoria. Entretanto, a partir da publicação da Lei n° 8.213/91, tal exigência não mais subsiste.

[198] ROMITA, Arion Sayão. Aposentadoria espontânea do empregado: efeitos sobre o contrato de trabalho. *Revista LTr*, São Paulo, v. 70. n. 12, dez. 2006, p. 1415.

[199] "Art. 32. A aposentadoria por tempo de serviço será concedida ao segurado que completar 30 (trinta) e 35 (trinta e cinco) anos de serviço, respectivamente, com 80% (oitenta por cento) do "salário de benefício" no primeiro caso, e, integralmente, no segundo. (Revogado pela Lei n° 5.890, de 1973) [...] § 7° A aposentadoria por tempo de serviço será devida a contar da data do comprovado desligamento do emprego ou efetivo afastamento da atividade, que só deverá ocorrer após a concessão do benefício. (Incluído pelo Decreto-Lei n° 66, de 1966) (Revogado pela Lei n° 5.890, de 1973)" (BRASIL, 2012h)

de serviço para fins de estabilidade, o que criou um grave problema social, razão pela qual, no ano de 1975, o legislador acrescentou a parte final da atual redação do artigo 453 do estatuto consolidado.

Nesse sentido, Amauri Mascaro Nascimento leciona que:

> O empregado que pede aposentadoria, portanto a aposentadoria espontânea ou voluntária, sempre pode ser readmitido pela empresa na qual se aposentou, hipótese em que, como na aposentadoria não tinha direito a indenização, surgiu o problema de saber se teria ou não contado o tempo anterior para fins de indenização caso, no segundo contrato, viesse a ser despedido sem justa causa. Na primeira redação, hoje alterada, o art. 453 da CLT dispunha que o direito existia, o que desestimulava a readmissão do aposentado. O ETST nº 21,[200] em consonância com essa diretriz também optou pela contagem do período anterior, mas foi cancelado.[201]

A justificativa para a atual redação ao artigo celetista consta no Projeto de Lei do Senado Nº 21/73, o qual interpreta, de forma cristalina, a intenção do legislador quando do acréscimo da parte final do dispositivo, conforme se observa:

> Incluída no artigo 453 a aposentadoria como causa excludente da soma de tempo de serviço anterior, milhares de trabalhadores, na maioria técnicos ou especialistas experimentados, poderão voltar ao antigo emprego, sob novo contrato, melhorando os proventos da aposentadoria a que fizerem jus, com uma nova remuneração que poderá ser pactuada até em bases menores que a anterior.[202]

Entretanto, acerca da mudança efetuada pela Lei 6.204/75, cumpre destacar as observações de Alice Monteiro de Barros:

> Anteriormente, a hipótese de aposentadoria não constava da vedação legal, o que levou a jurisprudência a adotar o entendimento cristalizado na Súmula nº 21 do TST, hoje cancelada, determinando o cômputo do tempo anterior à aposentadoria, qualquer que fosse a sua causa. Sucede que, após a Lei nº 6.204, de 1975, o trabalhador deixou de fazer jus a quaisquer direitos indenizatórios sobre o tempo de serviço encerrado com a aposentadoria espontânea.[203]

Cumpre ressaltar que até o final de 1996 a redação do artigo 453 era composta somente do *caput*, sendo que em janeiro de 1997 a Medida Provisória nº 1.523-3 acrescentou ao dispositivo um parágrafo único, dispondo que a aposentadoria espontânea dos empregados de empre-

---

[200] Súmula nº 21 do TST: APOSENTADORIA (cancelamento mantido) – Res. 121/2003, DJ 19, 20 e 21.11.2003: O empregado aposentado tem direito ao cômputo do tempo anterior à aposentadoria, se permanecer a serviço da empresa ou a ela retornar. Histórico: Súmula cancelada – Res. 30/1994, DJ 12, 16 e 18.05.1994. Redação original – RA 57/1970, DO-GB 27.11.1970.

[201] NASCIMENTO, Amauri Mascaro. *Curso de direito do trabalho:* história e teoria geral do direito do trabalho: relações individuais e coletivas do trabalho. 21. ed. rev. e atual. São Paulo: Saraiva, 2006, p. 723.

[202] Disponível no Diário do Congresso Nacional, Seção II, de 04/04/73, p. 424.

[203] BARROS, Alice Monteiro de. *Curso de direito do trabalho.* 2. ed. rev. ampl. São Paulo: LTr, 2006, p. 415.

sas públicas e sociedades de economia mista acarretava a rescisão contratual automática.

Sobre o assunto, Arnaldo Sussekind esclarece:

Embora a jurisprudência majoritária vislumbre na aposentadoria causa extintiva do contrato de trabalho, consoante com a doutrina dominante, a Medida Provisória nº 1.523, de 11.10.96, explicitou o entendimento por meio de nova redação ao art. 148 da Lei nº 8.213/91, *verbis:* "O ato de concessão do benefício de aposentadoria importa extinção do vínculo empregatício". Nada de novo, pois. Mas as centrais sindicais protestaram perante o Governo, objetivando consagrar a antítese: assegurar ao aposentado direito ao aviso prévio e à multa de 40% sobre os depósitos do FGTS. Reeditada pela terceira vez, em 9.1.97, citada Medida Provisória omitiu o artigo supratranscrito e acrescentou um parágrafo único ao artigo 453 da CLT.[204]

Em novembro do mesmo ano, foi editada a Medida Provisória n° 1.596-14, renumerando para o § 1° o antigo parágrafo único, e acrescentando o § 2° ao referido dispositivo, com previsão de que a aposentadoria proporcional importava em extinção do contrato de trabalho.

Tais medidas provisórias foram posteriormente convertidas na Lei n° 9.528/97, mas os referidos parágrafos tiveram sua eficácia suspensa em decorrência de liminares deferidas pelo Supremo Tribunal Federal nas Ações Diretas de Inconstitucionalidade n°s 1.770-4 e 1.721-3.

Por ocasião da Lei n° 9.528/97, o artigo 453 do estatuto consolidado ficou com a seguinte redação:

Art. 453. No tempo de serviço do empregado, quando readmitido, serão computados os períodos, ainda que não contínuos, em que tiver trabalhado anteriormente na empresa, salvo se houver sido despedido por falta grave, recebido indenização legal ou se aposentado espontaneamente.

§ 1º Na aposentadoria espontânea de empregados das empresas públicas e sociedades de economia mista é permitida sua readmissão desde que atendidos aos requisitos constantes do art. 37, inciso XVI, da Constituição, e condicionada à prestação de concurso público. (Incluído pela Lei nº 9.528, de 10.12.1997). Vide ADIN 1 .770-4).

§ 2º O ato de concessão de benefício de aposentadoria a empregado que não tiver completado 35 (trinta e cinco) anos de serviço, se homem, ou trinta, se mulher, importa em extinção do vínculo empregatício. (Incluído pela Lei nº 9.528, de 10.12.1997). (Vide ADIN 1.721-3).[205]

Os motivos e os efeitos da declaração de inconstitucionalidade dos parágrafos acrescentados ao artigo 453 do estatuto consolidado serão apreciados a seguir.

---

[204] SUSSEKIND, Arnaldo; MARANHÃO, Délio; VIANNA, Segadas; TEIXEIRA, Lima. *Instituições de direito do trabalho.* 20. ed. atual. São Paulo: LTr, 2002, p. 610.

[205] BRASIL. *Lei n° 9.528, de 10 de dezembro de 1997.* Altera os dispositivos das Leis n°s 8.212 e 8.213, ambas de 24 de julho de 1991, e dá outras providências. Disponível em: <http://www.planalto.gov.br/ccivil_03/Leis/L9528.htm>. Acesso em: 3 maio. 2012l.

4.2. OS MOTIVOS E EFEITOS DA DECLARAÇÃO DE INCONSTITUCIONALIDADE DOS §§ 1º E 2º DO ARTIGO 453 DA CLT

Para o desenvolvimento desse tópico, cumpre realizar, preliminarmente, algumas observações acerca da ação direta de inconstitucionalidade.

Prevista nos artigos 102[206] e 103[207] da Constituição Federal, bem como na Lei nº 9.868/99, a ação direta de inconstitucionalidade é a ação típica do controle abstrato brasileiro, configurando-se como um instrumento de defesa e harmonia da ordem constitucional, mediante apreciação, exclusiva, pelo Supremo Tribunal Federal, da validade de lei ou ato normativo federal ou estadual, possibilitando a sua extirpação do sistema jurídico, em caso de inconstitucionalidade.[208]

A Carta Magna de 1988 reconhece duas formas de inconstitucionalidades: a inconstitucionalidade por ação (atuação) e a inconstitucionalidade por omissão.

A inconstitucionalidade por ação (ADI) ocorre com a produção de atos legislativos ou administrativos que contrariem normas ou princípios constitucionais, estando fundamentada no fato de que, do princípio da supremacia da Constituição Federal resulta o princípio da compatibilidade vertical das normas. A incompatibilidade vertical de

---

[206] "Art. 102. Compete ao Supremo Tribunal Federal, precipuamente, a guarda da Constituição, cabendo-lhe: I – processar e julgar, originariamente: a) a ação direta de inconstitucionalidade de lei ou ato normativo federal ou estadual e a ação declaratória de constitucionalidade de lei ou ato normativo federal; III – julgar, mediante recurso extraordinário, as causas decididas em única ou última instância, quando a decisão recorrida: a) contrariar dispositivo desta Constituição; b) declarar a inconstitucionalidade de tratado ou lei federal; c) julgar válida lei ou ato de governo local contestado em face desta Constituição." (BRASIL, 2012a).

[207] "Art. 103. Podem propor a ação direta de inconstitucionalidade e a ação declaratória de constitucionalidade: (Redação dada pela Emenda Constitucional nº 45, de 2004) I – o Presidente da República; II – a Mesa do Senado Federal; III – a Mesa da Câmara dos Deputados; IV – a Mesa de Assembleia Legislativa ou da Câmara Legislativa do Distrito Federal; (Redação dada pela Emenda Constitucional nº 45, de 2004); V – o Governador de Estado ou do Distrito Federal; (Redação dada pela Emenda Constitucional nº 45, de 2004); VI – o Procurador-Geral da República; VII – o Conselho Federal da Ordem dos Advogados do Brasil; VIII – partido político com representação no Congresso Nacional; IX – confederação sindical ou entidade de classe de âmbito nacional. § 1º O Procurador-Geral da República deverá ser previamente ouvido nas ações de inconstitucionalidade e em todos os processos de competência do Supremo Tribunal Federal. § 2º Declarada a inconstitucionalidade por omissão de medida para tornar efetiva norma constitucional, será dada ciência ao Poder competente para a adoção das providências necessárias e, em se tratando de órgão administrativo, para fazê-lo em trinta dias. § 3º Quando o Supremo Tribunal Federal apreciar a inconstitucionalidade, em tese, de norma legal ou ato normativo, citará, previamente, o Advogado-Geral da União, que defenderá o ato ou texto impugnado." (BRASIL, 2012a).

[208] PAULO, Vicente; ALEXANDRINO, MARCELO. *Resumo de direito constitucional descomplicado.* 2. ed. rev. e atual. Rio de Janeiro: Forense; São Paulo: Método, 2009, p. 321-322.

normas inferiores com a Constituição Federal é o que tecnicamente se chama *inconstitucionalidade das leis ou dos atos do Poder Público*. Por sua vez, a inconstitucionalidade por omissão (ADIPO) verifica-se nos casos em que não sejam realizados atos legislativos ou administrativos requeridos para tornar plenamente aplicáveis as normas constitucionais.[209]

Cumpre ressaltar que as decisões definitivas de mérito proferidas pelo Supremo Tribunal Federal nas ações diretas de inconstitucionalidade – ADI – produzirão os seguintes efeitos:

- eficácia *erga omnes:* a decisão tem força geral, alcançando todos os indivíduos que estariam sujeitos à aplicação da lei ou ato normativo impugnado;
- efeitos *ex tunc:* as decisões produzem efeitos retroativos, pois fulminam a lei ou o ato normativo desde a sua origem;
- efeito vinculante: os demais órgãos do Poder Judiciário e todos os órgãos da Administração Pública direta e indireta, nas três esferas do governo, ficam vinculados à decisão proferida pelo Supremo Tribunal Federal.
- efeito repristinatório em relação à legislação anterior que havia sido revogada pela norma declarada inconstitucional.

Sobre o tema, Gilmar Ferreira Mendes elucida:

> A lei declarada inconstitucional é considerada, independentemente de qualquer outro ato, nula *ipso jure* e *ex tunc*. A disposição declarada inconstitucional no controle abstrato de normas não pode mais ser aplicada, seja no âmbito do comércio jurídico privado, seja na esfera estatal. Consoante esta orientação, admite-se que todos os atos praticados com base na lei inconstitucional estão igualmente eivados de iliceidade.[210]

A declaração da constitucionalidade ou da inconstitucionalidade começa a produzir efeitos a partir da publicação da ata do julgamento do pedido, no Diário da Justiça da União, podendo o Supremo Tribunal Federal, em situações excepcionais, fixar, expressamente, outro momento para o início da produção de efeitos.[211]

Realizadas essas considerações, passar-se-ão a abordar os motivos e efeitos das ações de inconstitucionalidade propostas pelo PT, PDT e PC do B em face dos parágrafos do artigo 453 do estatuto consolidado.

---

[209] SILVA, José Afonso da. *Curso de direito constitucional positivo.* 32. ed. rev. atual. São Paulo: Malheiros, 2009, p. 46-47.

[210] MENDES, Gilmar Ferreira. *Jurisdição constitucional.* São Paulo: Saraiva, 1996, p. 253-254.

[211] PAULO, Vicente; ALEXANDRINO, MARCELO. *Resumo de direito constitucional descomplicado.* 2. ed. rev. e atual. Rio de Janeiro: Forense; São Paulo: Método, 2009, p. 337.

§ 1º do artigo 453 da Consolidação das Leis do Trabalho.

Preceitua o § 1º do artigo 453 da Consolidação das Leis do Trabalho:

Art. 453. [...]

§ 1º Na aposentadoria espontânea de empregados das empresas públicas e sociedades de economia mista é permitida sua readmissão desde que atendidos aos requisitos constantes do art. 37, inciso XVI, da Constituição, e condicionada à prestação de concurso público.[212]

A Lei nº 9.528/97 explicitou a exigência de prestação de concurso público para empregados das empresas públicas e das sociedades de economia mista, permitindo, expressamente, sua readmissão após a aposentadoria, porém com duas condições:

- que seja observada a proibição de acumulação remunerada de cargos ou empregos, com as exceções constitucionalmente previstas (enumeração taxativa, de acordo com o art. 37, XVI, da Constituição);

- prestação de concurso público.

Em razão deste parágrafo foi ajuizada em fevereiro de 1998, no Supremo Tribunal Federal, a ADI nº 1.770-4, aforada sob a alegação de que foram violados os preceitos constitucionais constantes nos artigos 5º,[213] 6º,[214] 7º (I, XXI e XXIV),[215] 40 (§ 4º),[216] 173 (§ 1º),[217] 193,[218]

---

[212] BRASIL. *CLT [Consolidação das leis do trabalho] – LTr*: 2012: [Compilado por] Armando Casimiro Costa, Irany Ferrari [e] Melchíades Rodrigues Martins. 39. ed. São Paulo: LTr, 2012b.

[213] "Art. 5º Todos são iguais perante a lei, sem distinção de qualquer natureza, garantindo-se aos brasileiros e aos estrangeiros residentes no País a inviolabilidade do direito à vida, à liberdade, à igualdade, à segurança e à propriedade, nos termos seguintes [...]" (BRASIL, 2012a).

[214] "Art. 6º São direitos sociais a educação, a saúde, o trabalho, o lazer, a segurança, a previdência social, a proteção à maternidade e à infância, a assistência aos desamparados, na forma desta Constituição." (BRASIL, 2012a).

[215] "Art. 7º São direitos dos trabalhadores urbanos e rurais, além de outros que visem à melhoria de sua condição social: I – relação de emprego protegida contra despedida arbitrária ou sem justa causa, nos termos de lei complementar, que preverá indenização compensatória, dentre outros direitos; [...] XXI – aviso prévio proporcional ao tempo de serviço, sendo no mínimo de trinta dias, nos termos da lei; [...] XXIV – aposentadoria;" (BRASIL, 2012a).

[216] "Art. 40. [...] § 4º Os proventos da aposentadoria serão revistos, na mesma proporção e na mesma data, sempre que se modificar a remuneração dos servidores em atividade, sendo também estendidos aos inativos quaisquer benefícios ou vantagens posteriormente concedidos aos servidores em atividade, inclusive quando decorrentes da transformação ou reclassificação do cargo ou função em que se deu a aposentadoria, na forma da lei." (BRASIL, 2012a).

[217] "Art. 173. § 1º A empresa pública, a sociedade de economia mista e outras entidades que explorem atividade econômica sujeitam-se ao regime jurídico próprio das empresas privadas, inclusive quanto às obrigações trabalhistas e tributárias." (BRASIL, 2012a).

201 (§ 4º),[219] 202 (I, III e § 1º),[220] todos da Constituição Federal, bem como o artigo 10, I,[221] do Ato das Disposições Constitucionais Transitórias.

Sustentou-se que o dispositivo caracterizava, implicitamente, que a aposentadoria espontânea, a partir de sua concessão, gerava imediata e automática extinção do vínculo empregatício, destacando-se que os argumentos utilizados na ADI nº 1.721-3 (§ 2º do artigo 453 celetista) eram extensivos à ação nº 1.770-4, ressaltando que as relações jurídicas são diferentes, sendo uma entre empregado e empregador e a outra, entre segurado e INSS.

Ademais, argumentou-se que na ação nº 1.721-3 não fora pleiteada a declaração de inconstitucionalidade do § 1º do artigo 453 celetista, justificando assim o aforamento da presente ação, destacando ainda, que o artigo 11[222] da Lei nº 9.528/97, faz com que o empregado tenha que renunciar a direito subjetivo, líquido e certo, e por este motivo seria inconstitucional.

---

[218] "Art. 193. A ordem social tem como base o primado do trabalho, e como objetivo o bem-estar e a justiça sociais." (BRASIL, 2012a).

[219] "Art. 201. § 4º Os ganhos habituais do empregado, a qualquer título, serão incorporados ao salário para efeito de contribuição previdenciária e consequente repercussão em benefícios, nos casos e na forma da lei." (BRASIL, 2012a).

[220] "Art. 202. É assegurada aposentadoria, nos termos da lei, calculando-se o benefício sobre a média dos trinta e seis últimos salários de contribuição, corrigidos monetariamente mês a mês, e comprovada a regularidade dos reajustes dos salários de contribuição de modo a preservar seus valores reais e obedecidas as seguintes condições: I – aos sessenta e cinco anos de idade, para o homem, e aos sessenta, para a mulher, reduzido em cinco anos o limite de idade para os trabalhadores rurais de ambos os sexos e para os que exerçam suas atividades em regime de economia familiar, neste incluídos o produtor rural, o garimpeiro e o pescador artesanal; [...] III – após trinta anos, ao professor, e, após vinte e cinco, à professora, por efetivo exercício de função de magistério. § 1º É facultada aposentadoria proporcional, após trinta anos de trabalho, ao homem, e, após vinte e cinco, à mulher." (BRASIL, 2012a).

[221] "Art. 10. Até que seja promulgada a lei complementar a que se refere o art. 7º, I, da Constituição: I – fica limitada a proteção nele referida ao aumento, para quatro vezes, da porcentagem prevista no art. 6º, *caput* e § 1º, da Lei nº 5.107, de 13 de setembro de 1966. [...]" (BRASIL, 2012a).

[222] "Art. 11. A extinção do vínculo de que trata o § 1º do art. 453 da CLT não se opera para os empregados aposentados por tempo de serviço que permaneceram nos seus empregos até esta data, bem como para aqueles que foram dispensados entre 13 de outubro de 1996 e 30 de novembro de 1997, em razão da aposentadoria por tempo de serviço, desde que solicitem, expressamente, até 30 de janeiro de 1998, a suspensão da aposentadoria e, quando houver, a do pagamento feito por entidade fechada de previdência privada complementar patrocinada pela empresa empregadora. § 1º O disposto no *caput* deste artigo não se aplica aos que, em face do desligamento, receberam verbas rescisórias ou indenizatórias, ou quaisquer outras vantagens a título de incentivo à demissão. § 2º O retorno ao trabalho do segurado aposentado dar-se-á até 2 de fevereiro de 1998, não fazendo jus a qualquer indenização, ressarcimento ou contagem de tempo de serviço durante o período situado entre a data do desligamento e a data do eventual retorno. § 3º O pagamento da aposentadoria será restabelecido, a pedido do segurado, quando do seu afastamento definitivo da atividade, assegurando-lhe os reajustes concedidos aos benefícios de prestação continuada da Previdência Social no período da suspensão da aposentadoria." (BRASIL, 2012l).

Ao final, houve o pleito liminar pela suspensão dos efeitos jurídico-legais do § 1º do artigo 453 da Consolidação das Leis do Trabalho, a qual foi deferida, suspendendo a eficácia do referido dispositivo, conforme decisão prolatada em novembro de 1998.

Assim expressa a decisão da ADI nº 1.770-4:

AÇÃO DIRETA DE INCONSTITUCIONALIDADE. § 1º DO ARTIGO 453 DA CLT NA REDAÇÃO DADA PELO ARTIGO 3º DA LEI 9.528, DE 10.12.97 E DO ARTIGO 11, *CAPUT* E PARÁGRAFOS DA REFERIDA LEI. PEDIDO DE LIMINAR. No tocante ao artigo 11 da Lei n. 9.528/97, não é de conhecer-se a ação direta, porquanto, tratando de norma temporária cujos prazos nela fixados já se exauriram no curso deste processo, perdeu a referida ação o seu objeto. Quanto ao § 1º do artigo 453 da CLT na redação dada pelo artigo 3º da Lei n. 9.528/97, ocorre a relevância da fundamentação jurídica da argüição de inconstitucionalidade, bem como a conveniência da suspensão de sua eficácia pelas repercussões sociais decorrentes desse dispositivo legal. Pedido de liminar que se defere, para suspender, *ex nunc* e até decisão final, a eficácia do § 1º do artigo 453 da CLT na redação que lhe deu o artigo 3º da Lei n. 9.528, de 10 de dezembro de 1.997.[223]

A decisão final acerca do assunto foi publicada em 01.12.2006, reconhecendo a inconstitucionalidade do § 1º do artigo 453 da Consolidação das Leis do Trabalho:

AÇÃO DIRETA DE INCONSTITUCIONALIDADE. READMISSÃO DE EMPREGADOS DE EMPRESAS PÚBLICAS E SOCIEDADES DE ECONOMIA MISTA. ACUMULAÇÃO DE PROVENTOS E VENCIMENTOS. EXTINÇÃO DO VÍNCULO EMPREGATÍCIO POR APOSENTADORIA ESPONTÂNEA. NÃO-CONHECIMENTO. INCONSTITUCIONALIDADE. Lei 9.528/1997, que dá nova redação ao § 1º do art. 453 da Consolidação das Leis do Trabalho – CLT –, prevendo a possibilidade de readmissão de empregado de empresa pública e sociedade de economia mista aposentado espontaneamente. Art. 11 da mesma lei, que estabelece regra de transição. Não se conhece de ação direta de inconstitucionalidade na parte que impugna dispositivos cujos efeitos já se exauriram no tempo, no caso, o art. 11 e parágrafos. É inconstitucional o § 1º do art. 453 da CLT, com a redação dada pela Lei 9.528/1997, quer porque permite, como regra, a acumulação de proventos e vencimentos – vedada pela jurisprudência do Supremo Tribunal Federal –, quer porque se funda na ideia de que a aposentadoria espontânea rompe o vínculo empregatício. Pedido não conhecido quanto ao art. 11, e parágrafos, da Lei nº 9.528/1997. Ação conhecida quanto ao § 1º do art. 453 da Consolidação das Leis do Trabalho, na redação dada pelo art. 3º da mesma Lei 9.528/1997, para declarar sua inconstitucionalidade.[224]

O Ministro Joaquim Barbosa destacou ser inconstitucional o dispositivo em estudo por dois motivos:

---

[223] STF-ADIN 1770-4, Relator Ministro Moreira Alves, DJU DE 06.11.1998.

[224] ADI 1770, Relator(a): Min. Joaquim Barbosa, Tribunal Pleno, julg. em 11/10/2006, DJ 01.12.2006, p. 65. EMENT VOL. 2258-01, p. 67.

[...] quer porque permite, como regra, a acumulação de proventos e vencimentos – vedada pela jurisprudência do Supremo Tribunal Federal –, quer porque se funda na ideia de que a aposentadoria espontânea rompe o vínculo empregatício.[225]

Nesse sentido cumpre ressaltar a doutrina de Cesar Zucatti Pritsch, ao asseverar que:

Existe aparente conflito intrínseco em tal decisão, uma vez que *um de seus fundamentos, em princípio, excluiria a validade do outro e vice-versa*. É que, caso se considere vedada a acumulação de proventos do INSS com vencimentos pagos pela Administração Pública, então seria juridicamente impossível o empregado público, após a jubilação, manter hígido seu contrato de trabalho, o qual estaria automaticamente rompido. Como decorrência lógica, não haveria como declarar inconstitucional o §1º em tela por se fundar *"na ideia de que a aposentadoria espontânea rompe o vínculo empregatício"*, já que tal rompimento seria obrigatório, em tal hipótese interpretativa, a fim de evitar o acúmulo tido como vedado. O mesmo raciocínio também pode ser feito de forma inversa: se o Excelso Pretório declarou a inconstitucionalidade de tal norma justamente *"porque se funda na ideia de que a aposentadoria espontânea rompe o vínculo empregatício"*, então não há como considerar que a continuidade de tal vínculo resultaria em situação de acúmulo ilícito. [grifo do autor][226]

Entretanto, mesmo o Supremo Tribunal Federal se pronunciando em relação à inconstitucionalidade da acumulação de proventos e vencimentos, referida demanda será oportunamente analisada em tópico específico.

§ 2º do artigo 453 da Consolidação das Leis do Trabalho.

Destaca-se a redação contida no § 2º do artigo 453 da Consolidação das Leis do Trabalho:

Art. 453. [...]
§ 2º O ato de concessão de benefício de aposentadoria a empregado que não tiver completado 35 (trinta e cinco) anos de serviço, se homem, ou trinta, se mulher, importa em extinção do vínculo empregatício.[227]

O legislador celetista pretendeu dirimir a controvérsia a respeito da extinção, ou não, do contrato de trabalho por força de aposentadoria previdenciária, estabelecendo distinções:[228]

---

[225] Ibidem.

[226] PRITSCH, Cesar Zucatti. Aposentadoria espontânea e efeitos trabalhistas: discussões remanescentes. *Jus Navegandi,* Teresina, ano 16, n. 2859, 30 abr. 2011. Disponível em: <http://jus.com.br/revista/texto/19004>. Acesso em: 3 fev. 2012.

[227] BRASIL. *CLT [Consolidação das leis do trabalho]-LTr*: 2012: [Compilado por] Armando Casimiro Costa, Irany Ferrari [e] Melchíades Rodrigues Martins. 39. ed. São Paulo: LTr, 2012b.

[228] ROMITA, Arion Sayão. Aposentadoria espontânea do empregado: efeitos sobre o contrato de trabalho. *Revista LTr,* São Paulo, v. 70. n. 12, dez. 2006, p. 1416.

- ao aposentar-se, o empregado já completara 35 anos de serviço (se homem) ou 30 anos (se mulher): neste caso a aposentadoria não constituía causa de extinção do contrato de trabalho;

- ao aposentar-se, o empregado ainda não alcançara os referidos limites (pois o homem podia aposentar-se com 30 anos e a mulher, com 25 anos de serviço): o ato da concessão da aposentadoria proporcional extinguia o contrato de trabalho.

Este parágrafo suscitou o aforamento da ADI n° 1.721-3, em 27 de novembro de 1997, sob o argumento de que referido dispositivo violaria os artigos 5°, 6°, 7°, inciso I, 173 (§ 1°), 193, 201 (§ 4°) e 202, incisos II, III e § 1°, todos da Constituição Federal, bem como o inciso I, do artigo 10, do Ato das Disposições Constitucionais Transitórias.

Sustentara-se que o requerimento da aposentadoria é perfeitamente possível sem a extinção do contrato de trabalho, pleiteando-se o deferimento de medida liminar com o escopo de suspender a eficácia do § 2° do artigo 453 celetista.

Em razão do pedido liminar, o Supremo tribunal Federal proferiu decisão no seguinte sentido:

AÇÃO DIRETA DE INCONSTITUCIONALIDADE. ART. 3º DA MP Nº 1.596-14/97 (CONVERTIDA NA LEI Nº 9.528/97), NA PARTE EM QUE INCLUIU § 2º NO ART. 453 DA CLT. ALEGADA OFENSA À CONSTITUIÇÃO. O direito à estabilidade no emprego cedeu lugar, com a Constituição de 1988 (art. 7º, I), a uma proteção contra despedida arbitrária ou sem justa causa, consistente em uma indenização compensatória, entre outros direitos, a serem estipulados em lei complementar. A eficácia do dispositivo não ficou condicionada à edição da referida lei, posto haver sido estabelecida, no art. 10 do ADCT, uma multa a ser aplicada de pronto até a promulgação do referido diploma normativo (art. 10 do ADCT), havendo-se de considerar arbitrária e sem justa causa, para tal efeito, toda despedida que não se fundar em falta grave ou em motivos técnicos ou de ordem econômico-financeira, a teor do disposto nos arts. 482 e 165 da CLT. O diploma normativo impugnado, todavia, ao dispor que a aposentadoria concedida a empregado que não tiver completado 35 anos de serviço (aposentadoria proporcional por tempo de serviço) importa extinção do vínculo empregatício -- efeito que o instituto até então não produzia --, na verdade, outra coisa não fez senão criar modalidade de despedida arbitrária ou sem justa causa, sem indenização, o que não poderia ter feito sem ofensa ao dispositivo constitucional sob enfoque. Presença dos requisitos de relevância do fundamento do pedido e da conveniência de pronta suspensão da eficácia do dispositivo impugnado. Cautelar deferida.[229]

Quando do deferimento da liminar em 19.12.1997, o Ministro Ilmar Galvão ressaltou seu entendimento de que a relação mantida pelo segurado com a instituição previdenciária não se confunde com o vín-

---

[229] ADI 1721 MC, Relator(a): Min. ILMAR GALVÃO, Tribunal Pleno, julgado em 19/12/1997, DJ 11/04/2003.

culo empregatício, razão pela qual a concessão do benefício previdenciário da aposentadoria não deve produzir efeito sobre o contrato de trabalho.

No julgamento final da ação de inconstitucionalidade o Supremo Tribunal Federal posicionou-se no sentido de que o § 2° do artigo 453 do estatuto celetista é inconstitucional, haja vista que sua redação afronta a Constituição Federal, corroborando, ainda, a tese defendida pelo Ministro Ilmar Galvão quando do deferimento da liminar:

> AÇÃO DIRETA DE INCONSTITUCIONALIDADE. ARTIGO 3º DA MEDIDA PROVISÓRIA Nº 1.596-14/97, CONVERTIDA NA LEI Nº 9.528/97, QUE ADICIONOU AO ARTIGO 453 DA CONSOLIDAÇÃO DAS LEIS DO TRABALHO UM SEGUNDO PARÁGRAFO PARA EXTINGUIR O VÍNCULO EMPREGATÍCIO QUANDO DA CONCESSÃO DA APOSENTADORIA ESPONTÂNEA. PROCEDÊNCIA DA AÇÃO. 1. A conversão da medida provisória em lei prejudica o debate jurisdicional acerca da "relevância e urgência" dessa espécie de ato normativo. 2. Os valores sociais do trabalho constituem: a) fundamento da República Federativa do Brasil (inciso IV do artigo 1º da CF); b) alicerce da Ordem Econômica, que tem por finalidade assegurar a todos existência digna, conforme os ditames da justiça social, e, por um dos seus princípios, a busca do pleno emprego (artigo 170, *caput* e inciso VIII); c) base de toda a Ordem Social (artigo 193). Esse arcabouço principiológico, densificado em regras como a do inciso I do artigo 7º da Magna Carta e as do artigo 10 do ADCT/88, desvela um mandamento constitucional que perpassa toda relação de emprego, no sentido de sua desejada continuidade. 3. A Constituição Federal versa a aposentadoria como um benefício que se dá mediante o exercício regular de um direito. E o certo é que o regular exercício de um direito não é de colocar o seu titular numa situação jurídico-passiva de efeitos ainda mais drásticos do que aqueles que resultariam do cometimento de uma falta grave (sabido que, nesse caso, a ruptura do vínculo empregatício não opera automaticamente). 4. O direito à aposentadoria previdenciária, uma vez objetivamente constituído, se dá no âmago de uma relação jurídica entre o segurado do Sistema Geral de Previdência e o Instituto Nacional de Seguro Social. Às expensas, portanto, de um sistema atuarial-financeiro que é gerido por esse Instituto mesmo, e não às custas desse ou daquele empregador. 5. O Ordenamento Constitucional não autoriza o legislador ordinário a criar modalidade de rompimento automático do vínculo de emprego, em desfavor do trabalhador, na situação em que este apenas exercita o seu direito de aposentadoria espontânea, sem cometer deslize algum. 6. A mera concessão da aposentadoria voluntária ao trabalhador não tem por efeito extinguir, instantânea e automaticamente, o seu vínculo de emprego. 7. Inconstitucionalidade do § 2º do artigo 453 da Consolidação das Leis do Trabalho, introduzido pela Lei nº 9.528/97.[230]

Ressalta-se que o entendimento do Supremo Tribunal Federal pela inconstitucionalidade dos referidos parágrafos, culminou no cancelamento da Orientação Jurisprudencial n° 177 da SDI-1 do Tribunal Superior do Trabalho e a Súmula 17 do Tribunal Regional do Trabalho

---

[230] ADI 1721, Relator(a): Min. CARLOS BRITTO, Tribunal Pleno, julgado em 11/10/2006, DJe-047, DIVULG 28/06/2007, PUBLIC 29/06/2007, DJ 29/06/2007.

da 4ª Região. A edição da Orientação Jurisprudencial nº 361[231] da SDI-1 do Tribunal Superior do Trabalho sedimentou o entendimento de que a aposentadoria espontânea não acarreta a extinção do contrato de trabalho.

4.3. O POSICIONAMENTO DOUTRINÁRIO E JURISPRUDENCIAL ACERCA DA APOSENTADORIA ESPONTÂNEA E SEUS EFEITOS TRABALHISTAS – ANTES E DEPOIS DE 2006. REGRA GERAL

Conforme já destacado, a legislação previdenciária vigente permite, expressamente, que o segurado aposentado permaneça ou retorne ao exercício de suas atividades profissionais (salvo a aposentadoria especial, a qual será suspensa caso o aposentado retorne ao exercício de atividades especiais), sendo desnecessária a extinção do vínculo empregatício para a concessão do benefício de aposentadoria.

Não obstante, o Tribunal Superior do Trabalho expressou por muito tempo o entendimento no sentido de que a aposentadoria espontânea acarretava a automática extinção do vínculo empregatício, com fundamento no *caput* do artigo 453 da Consolidação das Leis do Trabalho, posicionamento este consubstanciado na Súmula 295 do Tribunal Superior do Trabalho. *In verbis*:

Súmula nº 295 do TST
APOSENTADORIA ESPONTÂNEA. DEPÓSITO DO FGTS. PERÍODO ANTERIOR À OPÇÃO (cancelada) – Res. 152/2008, DEJT divulgado em 20, 21 e 24.11.2008.
A cessação do contrato de trabalho em razão de aposentadoria espontânea do empregado exclui o direito ao recebimento de indenização relativa ao período anterior à opção. A realização de depósito na conta do Fundo de Garantia do Tempo de Serviço, de que trata o § 3º do art. 14 da Lei nº 8.036, de 11.05.1990, é faculdade atribuída ao empregador.
Histórico:
Súmula alterada – Res. 121/2003, DJ 19, 20 e 21.11.2003.
Redação original – Res. 5/1989, DJ 14, 18 e 19.04.1989.
Nº 295 Aposentadoria espontânea – Depósito do FGTS – Período anterior à opção.
A cessação do contrato de trabalho em razão de aposentadoria espontânea do empregado exclui o direito ao recebimento de indenização relativa ao período anterior à opção.

---

[231] OJ SDI-1 Nº 361 TST: APOSENTADORIA ESPONTÂNEA. UNICIDADE DO CONTRATO DE TRABALHO. MULTA DE 40% DO FGTS SOBRE TODO O PERÍODO (DJ 20, 21 E 23.05.2008) A aposentadoria espontânea não é causa de extinção do contrato de trabalho se o empregado permanece prestando serviços ao empregador após a jubilação. Assim, por ocasião da sua dispensa imotivada, o empregado tem direito à multa de 40% do FGTS sobre a totalidade dos depósitos efetuados no curso do pacto laboral.

A realização de depósito na conta do Fundo de Garantia do Tempo de Serviço, cogitada no § 2º do artigo 16 da Lei 5.107/66, coloca-se no campo das faculdades atribuídas ao empregador.

Nota-se que a redação original da Súmula, aprovada em 1989, já entendia pela cessação do contrato de trabalho nos casos de aposentadoria espontânea, bem como a Orientação Jurisprudencial nº 177, inserida em novembro de 2000 e cancelada em 30.10.2006:

177. APOSENTADORIA ESPONTÂNEA. EFEITOS
A aposentadoria espontânea extingue o contrato de trabalho, mesmo quando o empregado continua a trabalhar na empresa após a concessão do benefício previdenciário. Assim sendo, indevida a multa de 40% do FGTS em relação ao período anterior à aposentadoria.
Histórico: Redação original – Inserida em 08.11.2000.

Na época, o entendimento do Egrégio Tribunal era acompanhado pela doutrina majoritária, proporcionando a cristalização da jurisprudência dominante, inclusive em nosso Tribunal Regional através da Súmula 17, no sentido de que a aposentadoria espontânea configurava hipótese de extinção do contrato de trabalho.

Nesse sentido:

ESTABILIDADE SINDICAL. APOSENTADORIA ESPONTÂNEA. EFEITOS. A aposentação espontânea do trabalhador provoca a extinção do contrato de trabalho, fazendo com que sua permanência a serviço do empregador, por período relativamente longo de tempo, mesmo sem solução de continuidade, estabeleça novo vínculo jurídico, novo contrato de trabalho, incomunicável com o anterior para qualquer efeito. Entendimento vertido na súmula 17 do TRT4ª. Concebido extinto o contrato de trabalho, fruto do evento aposentadoria, não há falar em reintegração, porque então a relação surgida da continuidade da prestação de serviço após a aposentação não tem comunicação com aquela outra, anterior, onde se fazia presente a garantia estabilitária constitucionalmente remetida ao dirigente sindical.[232]

APOSENTADORIA. EXTINÇÃO DO CONTRATO DE TRABALHO. DIFERENÇAS DA MULTA DE 40% DO FGTS E PAGAMENTO DA INDENIZAÇÃO POR TEMPO DE SERVIÇO. A aposentadoria espontânea do empregado importa na extinção do contrato de trabalho, formando-se novo ajuste no caso de continuidade na prestação dos serviços (Súmula nº 17 deste Tribunal). Hipótese em que o reclamante, que já contava com dez anos de serviço quando de sua opção pelo FGTS, permaneceu trabalhando após a aposentadoria espontânea e, quando da extinção sem justa causa, o empregador efetuou apenas o pagamento da multa de 40% do FGTS sobre o período contratual posterior à jubilação. A ausência do direito à indenização de 40% quando do término do primeiro contrato, inviabiliza a complementação da multa pretendida, assim como o direito ao pagamento de indenização por tempo de serviço em caso de despedida imotivada não

---

[232] Acórdão do processo 0075000-56.2004.5.04.0801 (RO). Redator: Milton Varela Dutra. Participam: Ricardo Tavares Gehling, João Pedro Silvestrin. Data: 02/06/2005. Origem: 1ª Vara do Trabalho de Uruguaiana.

se transfere para o segundo período do contrato de trabalho. Incidência da OJ nº 177 da SDI-I do TST e da Súmula nº 295 da mesma Corte. Recurso a que se nega provimento.[233]

ESTABILIDADE SINDICAL E ACIDENTÁRIA. APOSENTADORIA ESPONTÂNEA. EXTINÇÃO DO VÍNCULO EMPREGATÍCIO. A estabilidade torna o contrato de trabalho intocável por parte do empregador, mas não impede que o empregado manifeste direta ou indiretamente, sua intenção em romper o vínculo contratual.[234]

APOSENTADORIA ESPONTÂNEA. EXTINÇÃO DO CONTRATO DE TRABALHO. CONTRATO NULO. A APOSENTADORIA ESPONTÂNEA DO EMPREGADO EXTINGUE O CONTRATO DE TRABALHO. Permanecendo o trabalhador prestando serviços após a obtenção do benefício da aposentadoria, há a formação de um novo contrato de trabalho, que na hipótese sob exame, por se tratar o reclamado de ente público, manifesta-se nulo, eis que celebrado sem atendimento à norma contida no art.37, II, da Constituição Federal. Aplicável à espécie o entendimento cristalizado jurisprudencialmente pela Súmula nº 363 do C.TST.[235]

1 – APOSENTADORIA. EXTINÇÃO DO CONTRATO DE TRABALHO. A jurisprudência majoritária deste Regional e do C. TST firmou-se no sentido de que a aposentadoria espontânea extingue o contrato de trabalho, a teor do que dispõe o *caput* do artigo 453 da CLT, porque neste há expressa menção de que não se somam períodos distintos de trabalho quando o trabalhador tiver se aposentado espontaneamente, o que permite concluir pela extinção do contrato com a aposentadoria. As regras previdenciárias (Lei 8.213/91) não afastam, ou revogam, *in fine,* o artigo 453 da CLT, nem se está a firmar entendimento com base nos §§ 1º e 2º do artigo 453 consolidado, com eficácia liminarmente suspensa pelo Supremo Tribunal Federal. Neste Tribunal, a matéria está pacificada no Enunciado de Súmula nº 17, nos seguintes termos: *APOSENTADORIA VOLUNTÁRIA. EXTINÇÃO DO CONTRATO DE TRABALHO. A aposentadoria espontânea do empregado extingue o contrato de trabalho.* [grifo do autor][236]

Entretanto, o Supremo Tribunal Federal alterou seu entendimento no sentido de que a aposentadoria espontânea não extingue, automaticamente, o contrato de trabalho. Nesse sentido, imprescindível se faz salientar o voto do Ministro Sepúlveda Pertence, ao interpretar a atual redação do dispositivo celetista:

---

[233] Acórdão do processo 0034700-30.2005.5.04.0021 (RO). Redator: Flavio Portinho Sirangelo. Participam: Maria Inês Cunha Dornelles, Vanda Krindges Marques. Data: 22/02/2006. Origem: 21ª Vara do Trabalho de Porto Alegre.

[234] Acórdão do processo 0172900-24.2003.5.04.0203 (RO). Redator: João Alfredo Borges Antunes De Miranda. Participam: Rosane Serafini Casa Nova, Ana Rosa Pereira Zago Sagrilo. Data: 05/10/2005. Origem: 3ª Vara do Trabalho de Canoas.

[235] Acórdão do processo 0000200-72.2004.5.04.0020 (RO). Redator: Paulo José da Rocha. Participam: Leonardo Meurer Brasil, Clóvis Fernando Schuch Santos. Data: 29/09/2005. Origem: 20ª Vara do Trabalho de Porto Alegre.

[236] Acórdão do processo 0145500-85.2003.5.04.0251 (RO). Redator: Manuel Cid Jardon. Participam: João Ghisleni Filho, Denise Pacheco. Data: 31/08/2005. Origem: 1ª Vara do Trabalho de Cachoeirinha.

PREVIDÊNCIA SOCIAL: APOSENTADORIA ESPONTÂNEA NÃO IMPLICA, POR SI SÓ, EXTINÇÃO DO CONTRATO DE TRABALHO. 1. Despedida arbitrária ou sem justa causa (CF, art. 7º, I): viola a garantia constitucional o acórdão que, partindo de premissa derivada de interpretação conferida ao art. 453, *caput*, da CLT (redação alterada pela L. 6.204/75), decide que a aposentadoria espontânea extingue o contrato de trabalho, mesmo quando o empregado continua a trabalhar na empresa após a concessão do benefício previdenciário. 2. A aposentadoria espontânea pode ou não ser acompanhada do afastamento do empregado de seu trabalho: só há readmissão quando o trabalhador aposentado tiver encerrado a relação de trabalho e posteriormente iniciado outra; caso haja continuidade do trabalho, mesmo após a aposentadoria espontânea, não se pode falar em extinção do contrato de trabalho e, portanto, em readmissão. 3. Precedentes (ADIn 1.721-MC, Ilmar Galvão, RTJ 186/3; ADIn 1.770, Moreira Alves, RTJ 168/128).[237]

Ainda no entendimento da Corte Superior tem-se que:

I. RECURSO EXTRAORDINÁRIO: ADMISSIBILIDADE: ACÓRDÃO RECORRIDO FUNDADO NO ENUNCIADO 363 E NA ORIENTAÇÃO JURISPRUDENCIAL 177, DO TRIBUNAL SUPERIOR DO TRABALHO, DE CONTEÚDO CONSTITUCIONAL. II. PREVIDÊNCIA SOCIAL: APOSENTADORIA ESPONTÂNEA NÃO IMPLICA, POR SI SÓ, EXTINÇÃO DO CONTRATO DE TRABALHO. 1. Despedida arbitrária ou sem justa causa (CF, art. 7º, I): viola a garantia constitucional o acórdão que, partindo de premissa derivada de interpretação conferida ao art. 453, *caput*, da CLT (redação alterada pela L. 6.204/75), decide que a aposentadoria espontânea extingue o contrato de trabalho, mesmo quando o empregado continua a trabalhar na empresa após a concessão do benefício previdenciário. 2. A aposentadoria espontânea pode ou não ser acompanhada do afastamento do empregado de seu trabalho: só há readmissão quando o trabalhador aposentado tiver encerrado a relação de trabalho e posteriormente iniciado outra; caso haja continuidade do trabalho, mesmo após a aposentadoria espontânea, não se pode falar em extinção do contrato de trabalho e, portanto, em readmissão. 3. Precedentes: ADIn 1.721-MC, Ilmar Galvão, RTJ 186/3; ADIn 1.770, Moreira Alves, RTJ 168/128; RE 449.420, 1ª Turma, 16.08.2005, Pertence, DJ 14.10.2005.[238]

RECURSO EXTRAORDINÁRIO. MATÉRIA TRABALHISTA. ART. 453 DA CLT. EXTINÇÃO DO VÍNCULO EMPREGATÍCIO PELA APOSENTADORIA VOLUNTÁRIA. IMPOSSIBILIDADE. 1. A interpretação conferida pelo Tribunal Superior do Trabalho ao art. 453 da CLT, segundo a qual a aposentadoria espontânea do empregado importa na ruptura do contrato de trabalho (Orientação Jurisprudencial nº 177 da SDI-1), viola o postulado constitucional que veda a despedida arbitrária, consagrado no art. 7º, I, da Constituição Federal. 2. Precedentes: ADI 1.721-MC, ADI 1.770-MC e RE 449.420. 3. Recurso extraordinário conhecido e provido.[239]

---

[237] RE 449420, Relator(a): Min. Sepúlveda Pertence, Primeira Turma, julgado em 16/08/2005, DJ 14/10/2005.

[238] AI 519669 AgR, Relator(a): Min. Sepúlveda Pertence, Primeira Turma, julgado em 21/03/2006, DJ 19/05/2006.

[239] RE 463629, Relator(a): Min. Ellen Gracie, Segunda Turma, julgado em 14/11/2006, DJ 23/03/2007.

Ressalta-se que o termo "readmitido", constante no *caput* do artigo 453 do estatuto consolidado, pressupõe que o anterior contrato de trabalho do empregado fora extinto; no entanto, isso não implica dizer que a aposentadoria espontânea resulte, necessariamente, na extinção do contrato de trabalho, uma vez que, como observado no voto do Ministro Ilmar Galvão na ADI nº 1.721, a aposentadoria espontânea pode ou não ser acompanhada do afastamento do empregado de seu trabalho: só haveria readmissão quando o trabalhador aposentado tivesse encerrado a relação anterior de trabalho e posteriormente iniciado outra; caso haja continuidade do trabalho, mesmo após a aposentadoria espontânea, não se pode falar em extinção do contrato de trabalho e, portanto, em readmissão.

Dito posicionamento, inclusive, motivou o cancelamento da orientação jurisprudencial 177 da SDI-1 do TST (em 30.10.2006), e tem presidido os mais recentes julgados da Corte maior da Justiça Trabalhista, como são exemplos as seguintes decisões:

APOSENTADORIA ESPONTÂNEA. EXTINÇÃO DO CONTRATO DE EMPREGO. FGTS. MULTA DE 40%. 1. A aposentadoria não provoca a extinção do contrato de emprego se o empregado permanece prestando serviços ao empregador após a jubilação. Determinação do Supremo Tribunal Federal para que se rejulgue o recurso, sem a premissa de que a aposentadoria teria, automaticamente, extinguido o contrato de trabalho. Ulterior decisão vinculante do Pleno do STF no mesmo sentido. 2. Não há lei que declare a extinção do contrato de emprego em face da aposentadoria espontaneamente requerida pelo empregado se prossegue a prestação dos serviços ao mesmo empregador. Exatamente o oposto sugere o art. 49 da Lei nº 8.213/91. 3. O *caput* do artigo 453 da CLT disciplina tão-somente a apuração do tempo de serviço em caso de readmissão do empregado cujo contrato de trabalho efetivamente rompeu-se em face de anterior aposentadoria espontânea. Não dá suporte jurídico, assim, para embasar a conclusão de que a aposentadoria espontânea, se prossegue a prestação de serviços em favor do empregador, implica cessação do contrato de trabalho. 4. O empregado faz jus à multa de 40% do FGTS sobre os depósitos de todo o período do contrato de emprego uno, computado o tempo anterior e o posterior à jubilação espontânea seguida da continuidade do labor, contanto que, ao final, opere-se a rescisão do contrato de trabalho sem justa causa. 5. Recurso de revista conhecido e provido.[240]

APOSENTADORIA ESPONTÂNEA – EFEITOS Esta Corte, em Sessão Extraordinária do Tribunal Pleno, realizada no dia 25/10/06, decidiu, por unanimidade, pelo cancelamento da Orientação Jurisprudencial nº 177 da C. SBDI1, que previa a extinção do contrato de trabalho com a aposentadoria espontânea, mesmo quando o empregado continuava a trabalhar na empresa após a concessão do benefício previdenciário. Assim, seria indevida a multa de 40% do FGTS em relação ao período anterior à aposentadoria.Tal cancelamento se deu em virtude do julgamento pelo Supremo Tribunal Federal da Ação Direta de Inconstitucionalidade nº 1.72I-3 DF. É que ficou decidido pela Corte

---

[240] RR-2501/2002-900-04-00-2, 1ª Turma, Relator Ministro João Oreste Dalazen, publ. em 24/11/2006.

Suprema que a aposentadoria espontânea não extingue o contrato de trabalho. Por conseqüência lógica, se ao aposentar o empregado continua trabalhando, é uno o contrato, e, ao ser despedido, a multa de 40% do FGTS incide sobre todo o período trabalhado. Recurso conhecido em parte e provido.[241]

Nesse sentido, inclusive, a Orientação Jurisprudencial 361 da SDI-1 do Tribunal Superior do Trabalho:

APOSENTADORIA ESPONTÂNEA. UNICIDADE DO CONTRATO DE TRABALHO. MULTA DE 40% DO FGTS SOBRE TODO O PERÍODO. A aposentadoria espontânea não é causa de extinção do contrato de trabalho se o empregado permanece prestando serviços ao empregador após a jubilação. Assim, por ocasião da sua dispensa imotivada, o empregado tem direito à multa de 40% do FGTS sobre a totalidade dos depósitos efetuados no curso do pacto laboral. (DJ 20, 21 e 23.05.2008)

Corroborando tal entendimento, pronuncia-se o Tribunal Regional do Trabalho da 4ª Região:

APOSENTADORIA ESPONTÂNEA DO EMPREGADO. AUSÊNCIA DE MANIFESTAÇÃO RESCISÓRIA PELAS PARTES. VÍNCULO DE EMPREGO. SUBSISTÊNCIA. A aposentadoria por tempo de serviço, bem assim a por idade, não repercute na vida do contrato de trabalho vigente no seu advento e não importa, sozinha, extinção do liame empregatício.[242]
Recurso ordinário da reclamada.

APOSENTADORIA. EXTINÇÃO DO CONTRATO DE TRABALHO. Inexistente amparo legal para que se reconheça a aposentadoria espontânea como causa de extinção do contrato de trabalho, não havendo confundir a relação de natureza previdenciária com a relação contratual de trabalho, reguladas em microssistemas normativos distintos. Adota-se a recente decisão do Supremo Tribunal Federal, que julgando procedente o pedido formulado em Ação Direta de Inconstitucionalidade (1721/DF) declarou a inconstitucionalidade do §2º do art. 453 da CLT e – ao ensejo da fundamentação – reconheceu não haver, antes do início da vigência do dispositivo declarado inconstitucional, mandamento legal hábil a autorizar o entendimento de que a aposentadoria importasse em extinção do contrato de trabalho. Apelo negado.[243]

RECURSO VOLUNTÁRIO E REEXAME NECESSÁRIO. DO FGTS. PRESCRIÇÃO. É trintenário o prazo para reclamar parcelas do FGTS. Inteligência do art. 23, § 5º, da Lei nº 8.036/90, recepcionado pela CF/88. Adoção do entendimento jurisprudencial cristalizado na Súmula 12 deste Tribunal. Sentença mantida.

DO FGTS COM 40%. DO AVISO PRÉVIO INDENIZADO. Considera-se que a aposentadoria não concomitante à despedida não pode ser compreendida como motivo de

---

[241] RR-2187/2001-014-15-00-6, 2ª Turma, Relator Ministro José Luciano de Castilho Pereira, publ. em 24/11/2006.

[242] Acórdão do processo 0063700-23.2006.5.04.0027 (RO). Redator: Milton Varela Dutra. Participam: Fabiano de Castilhos Bertolucci, Denise Maria De Barros. Data: 07/12/2006. Origem: 27ª Vara do Trabalho de Porto Alegre.

[243] Acórdão do processo 0104900-15.2003.5.04.0027 (RO). Redator: Maria Helena Mallmann. Participam: Pedro Luiz Serafini, Ione Salin Gonçalves. Data: 14/12/2006. Origem: 27ª Vara do Trabalho de Porto Alegre.

extinção do contrato de trabalho. Assim, diante do rompimento imotivado do contrato de trabalho, por iniciativa do empregador, faz jus a reclamante à percepção de aviso prévio indenizado. Hipótese em que o reclamado não logrou demonstrar tenha efetivado a totalidade dos depósitos do FGTS devidos à autora no decorrer da contratualidade, resultando diferenças devidas a este título. Acréscimo de 40% sobre o FGTS que deve incidir sobre a totalidade dos depósitos. Sentença mantida.[244]

APOSENTADORIA POR TEMPO DE SERVIÇO. PERMANÊNCIA DO TRABALHA-DOR NO SERVIÇO. MANUTENÇÃO DO VÍNCULO EMPREGATÍCIO. POSTERIOR EXTINÇÃO DA RELAÇÃO DE EMPREGO, POR DESPEDIDA INDIRETA. INCI-DÊNCIA DO ACRÉSCIMO DE 40% SOBRE O FGTS DE TODO O PERÍODO CON-TRATUAL. Como a aposentadoria por tempo de serviço não extingue o contrato de trabalho, é devido o acréscimo de 40% sobre o FGTS de todo o período contratual se o empregado permanece no serviço e, posteriormente, é desligado da empresa por despedida indireta.[245]

APOSENTADORIA ESPONTÂNEA DO TRABALHADOR EMPREGADO. INEXISTÊN-CIA DE SOLUÇÃO DE CONTINUIDADE NA PRESTAÇÃO DE SERVIÇO. UNICIDA-DE E SUBSISTÊNCIA DO CONTRATO DE TRABALHO. A lei previdenciária admite a aposentadoria por tempo de serviço, bem assim a por idade, com a permanência do aposentando no emprego, ou seja, sem qualquer solução de continuidade na prestação laboral. A aposentadoria espontânea do trabalhador, assim, e na esteira da lei vigente, não é causa rescisória do contrato, que, na falta de manifestação das partes neste sentido, permanece íntegro.[246]

Cumpre realçar ainda, que ao exercer o controle abstrato de constitucionalidade, o Supremo Tribunal Federal esclareceu qual é o sentido constitucional a ser aplicado à regra, estando claro que a interpretação do *caput* do artigo 453 celetista deverá adaptar-se à declaração de inconstitucionalidade de seus parágrafos, sob pena de afronta ao determinado pela Corte Suprema.[247]

Ilustrando tal assertiva, cumpre colacionar os seguintes entendimentos jurisprudenciais:

Na realidade, o caso versado nos presentes autos configuraria hipótese de violação ao conteúdo essencial dos acórdãos proferidos nas aludidas ações diretas de incons-

---

[244] Acórdão do processo 0013900-52.2006.5.04.0471 (RO/REENEC). Redator: Carmen Gonzalez. Participam: Eurídice Josefina Bazo Tôrres, Ione Salin Gonçalves. Data: 09/11/2006. Origem: Vara do Trabalho de Lagoa Vermelha.

[245] Acórdão do processo 0010184-61.2011.5.04.0141 (RO). Redator: João Ghisleni Filho. Participam: Flávia Lorena Pacheco, Ricardo Hofmeister de Almeida Martins Costa. Data: 12/04/2012. Origem: Vara do Trabalho de Camaquã.

[246] Acórdão do processo 0250700-62.2007.5.04.0018 (RO). Redator: Milton Varela Dutra. Participam: Emílio Papaléo Zin, Denise Pacheco. Data: 25/08/2011. Origem: 18ª Vara do Trabalho de Porto Alegre.

[247] CHAPPER, Alexei Almeida. *Polêmicas trabalhistas:* monografias vencedoras: prescrição no direito do trabalho e as modificações processuais: as consequências da declaração de inconstitucionalidade pelo STF do § 2º do art. 453 da CLT: desenvolvimento econômico e o direito do trabalho. São Paulo: LTr, 2010, p. 92.

titucionalidade, pois o caráter vinculante de que se reveste qualquer julgamento desta Corte, em sede de fiscalização normativa abstrata, decorre não apenas do que se contém em sua parte dispositiva, mas alcança, também, em razão da transcendência de seus efeitos, os próprios fundamentos determinantes das decisões emanadas do Supremo Tribunal Federal no âmbito dos processos de controle concentrado de constitucionalidade. Essa asserção encontra fundamento em autorizado magistério doutrinário (ALEXANDRE DE MORAES, "Constituição do Brasil Interpretada e Legislação Constitucional", p. 2.372/2.373, 1ª ed., 2002, Atlas, PAULO ROBERTO LYRIO PIMENTA, "Limites Subjetivos e Objetivos da Coisa Julgada no Controle Abstrato de Constitucionalidade", *in Revista Dialética de Direito Processual*, p. 127/129, 2003), cabendo referir, a tal propósito, a precisa observação do eminente Ministro GILMAR FERREIRA MENDES ("O Efeito Vinculante das Decisões do Supremo Tribunal Federal nos Processos de Controle Abstrato de Normas", *in DCAP – Direito Administrativo Contabilidade e Administração Pública,* nº 04, abril/99, p. 43, item n. 2.2.2.2, IOB): "Proferida a declaração de constitucionalidade ou inconstitucionalidade de lei objeto da ação declaratória, ficam os Tribunais e órgãos do Poder Executivo obrigados a guardar-lhe plena obediência. Tal como acentuado, o caráter transcendente do efeito vinculante impõe que sejam considerados não apenas o conteúdo da parte dispositiva da decisão, mas a norma abstrata que dela se extrai, isto é, a proposição de que determinado tipo de situação, conduta ou regulação – e não apenas aquela objeto do pronunciamento jurisdicional – é constitucional ou inconstitucional e deve, por isso, ser preservado ou eliminado".[248]

Como é cursivo, o efeito vinculante das decisões proferidas em ação direta de inconstitucionalidade se refere não apenas ao dispositivo do acórdão, mas também aos seus "fundamentos determinantes", através dos quais o STF, guardião máximo do Texto Constitucional, fixa a interpretação que deve ser seguida por todos os órgãos do Poder Judiciário e da Administração Pública federal, estadual e municipal (art. 102, § 2º, da Constituição Federal, na redação da Emenda Constitucional n. 45/2004, e art. 28, parágrafo único, da Lei n. 9.868/99) [...][249]

Por seu turno, a doutrina majoritária, seguindo o entendimento jurisprudencial, vem se posicionando no sentido de que a aposentadoria espontânea só irá acarretar a extinção do contrato de trabalho, se qualquer das partes da relação trabalhista se manifestar nesse sentido, atentando, pois, aos efeitos jurídicos decorrentes da modalidade de extinção perpetrada.

Nos tópicos seguintes serão analisadas algumas situações especiais no que respeita à aposentadoria espontânea, bem como o posicionamento jurisprudencial em relação a essas especificidades.

---

[248] Rcl 4387 MC, Relator(a): Min. Celso de Mello, julgado em 22/09/2006, publicado em DJ 02/10/2006.

[249] Rcl 4416 MC, Relator(a): Min. Celso de Mello, julgado em 25/09/2006, publicado em DJ 29/09/2006.

4.3.1. Aposentadoria espontânea – iniciativa de ruptura contratual – vício de consentimento não se presume

Considerando o entendimento doutrinário e jurisprudencial dominante de que a concessão do benefício da aposentadoria espontânea não extingue, automaticamente, o vínculo empregatício, na hipótese de ruptura contratual, deve-se, necessariamente, perscrutar de quem partiu tal iniciativa, a fim de determinar quais os efeitos da extinção do contrato de trabalho.

Destarte, se o empregado, por sua espontânea vontade, rompe o pacto laboral, quer simultaneamente à concessão da aposentadoria, quer em momento posterior, não será devida a indenização sobre os 40% do FGTS, nem aviso prévio, eis que não se trata de despedida imotivada.

Entretanto, se o empregado se aposenta e a extinção do contrato de trabalho ocorre, única e exclusivamente por vontade do empregador, é garantido o pagamento da indenização sobre os depósitos fundiários de toda a contratualidade, bem como o aviso-prévio.

Assim expressam os acórdãos proferidos pelo Colendo Tribunal Superior do Trabalho:

RECURSO DE REVISTA. APOSENTADORIA ESPONTÂNEA. EFEITOS. CONTINUIDADE NA PRESTAÇÃO DE SERVIÇOS. PAGAMENTO DA MULTA DE 40% DO FGTS RELATIVO AO PERÍODO ANTERIOR À APOSENTADORIA. PRESCRIÇÃO. PROVIMENTO. Diante do entendimento do STF, que motivou o cancelamento da Orientação Jurisprudencial nº 177 da SBDI-1, tem-se como ultrapassada a discussão acerca da matéria, concluindo-se pela inocorrência da extinção do contrato de trabalho do Reclamante após a sua aposentadoria espontânea, sendo devido o pagamento da multa de 40% do FGTS em relação a todo o período contratual.[250]

AGRAVO DE INSTRUMENTO EM RECURSO DE REVISTA. APOSENTADORIA ESPONTÂNEA EXTINÇÃO DO CONTRATO DE TRABALHO NÃO OCORRÊNCIA. Tendo em vista a decisão do Supremo Tribunal Federal, a aposentadoria espontânea não acarreta a extinção do contrato de trabalho, restando íntegra a pactuação, com todas as suas consequências contratuais. Logo, por ocasião da sua dispensa imotivada, é devido o pagamento da indenização de 40% sobre os depósitos do FGTS, relativamente a todo o período laborado. Incide a Orientação Jurisprudencial nº 361 da SBDI-1 do TST.[251]

EMBARGOS DE DECLARAÇÃO. OMISSÃO. AVISO PRÉVIO E REFLEXOS. APOSENTADORIA ESPONTÂNEA. EFEITOS SOBRE O CONTRATO DE TRABALHO. PROVIMENTO. 1. Demonstrada a omissão no v. acórdão embargado, o provimento dos embargos é medida que se impõe. 2. Tendo-se que a aposentadoria espontânea não

---

[250] RR 90600-20.2004.5.02.0043. DEJT. 15/10/2010.

[251] AIRR 100740-82.2008.5.02.0008. DEJT. 15/10/2010.

extingue automaticamente o vínculo de emprego, são devidos o aviso prévio e respectivos reflexos salariais. 3. Embargos de declaração a que se dá provimento.[252]

Corroborando esse entendimento, destacam-se algumas decisões do Tribunal Regional do Trabalho da 4ª Região:

APOSENTADORIA VOLUNTÁRIA – INCOLUMIDADE DO CONTRATO DE TRABALHO – INDENIZAÇÃO COMPENSATÓRIA – INCIDÊNCIA SOBRE OS DEPÓSITOS DO FGTS LEVANTADOS EM FACE DA APOSENTADORIA.
1. A jubilação – direito potestativo do empregado que decorre de relação jurídica absolutamente distinta – não opera automaticamente rescisão contratual. Inteligência do art. 49 da Lei 8.213/91. O art. 453 da CLT só é pertinente quando, ao ensejo ou após a aposentadoria voluntária do empregado, por vontade de uma ou de ambas as partes, o contrato individual de trabalho tenha sido rescindido. Precedentes do STF que levaram ao cancelamento da Súmula 17 do TRT-4.
2. A indenização compensatória deve incidir sobre a totalidade dos depósitos havidos no FGTS, com a correção pertinente, inclusive sobre os valores levantados em face da aposentadoria voluntária, e não somente sobre o saldo existente na época do desligamento posterior.[253]

APOSENTADORIA POR TEMPO DE SERVIÇO. PERMANÊNCIA DO TRABALHADOR NO SERVIÇO. MANUTENÇÃO DO VÍNCULO EMPREGATÍCIO. POSTERIOR EXTINÇÃO DA RELAÇÃO DE EMPREGO, POR DESPEDIDA INDIRETA. INCIDÊNCIA DO ACRÉSCIMO DE 40% SOBRE O FGTS DE TODO O PERÍODO CONTRATUAL. Como a aposentadoria por tempo de serviço não extingue o contrato de trabalho, é devido o acréscimo de 40% sobre o FGTS de todo o período contratual se o empregado permanece no serviço e, posteriormente, é desligado da empresa por despedida indireta.[254]

Entretanto, ressalta-se que a manifestação de vontade do empregado deve ser realizada de forma inequívoca, sob pena de presumir-se a dispensa imotivada, em razão do princípio da continuidade da relação de emprego.[255]

Nesse sentido, cumpre destacar algumas distinções relativas à declaração de vontade: a declaração de vontade expressa é aquela que se exterioriza e deve ser interpretada e analisada de acordo com o contexto em que está inserida; a declaração tácita – que não pode ser confundida com o silêncio, uma vez que este, em regra, não vale como manifesta-

---

[252] ED-RR 155640-79.2003.5.02.0302, Relator Ministro: Guilherme Augusto Caputo Bastos, Data de Julgamento: 05/05/2010, 7ª Turma, Data de Publicação: 14/05/2010.

[253] Acórdão do processo 0000582-88.2010.5.04.0203 (RO). Redator: Ricardo Tavares Gehling. Participam: Fabiano de Castilhos Bertolucci, João Pedro Silvestrin. Data: 30/06/2011. Origem: 3ª Vara do Trabalho de Canoas.

[254] Acórdão do processo 0010184-61.2011.5.04.0141 (RO). Redator: João Ghisleni Filho. Participam: Flávia Lorena Pacheco, Ricardo Hofmeister de Almeida Martins Costa. Data: 12/04/2012. Origem: Vara do Trabalho de Camaquã.

[255] PRITSCH, Cesar Zucatti. Aposentadoria espontânea e efeitos trabalhistas: discussões remanescentes. *Jus Navegandi*, Teresina, ano 16, n. 2859, 30 abr. 2011. Disponível em: <http://jus.com.br/revista/texto/19004>. Acesso em: 3 fev. 2012.

ção de vontade – resulta de certos atos, atitudes ou comportamentos, segundo o caso concreto, estando intrinsecamente ligada à razoabilidade, probabilidade e dedução; e a declaração de vontade implícita é a consequência direta de uma declaração anterior.[256]

O processo da manifestação de vontade pode ser prejudicado por um vício de consentimento – erro, dolo e coação – ocasionando divergência entre a vontade real e a declaração.

O erro pode ser considerado como um falso conhecimento ou noção equivocada sobre um fato ou características referentes ao objeto, pessoa, cláusula ou sobre o próprio ato negocial como um todo.

Dolo civil é todo ato malicioso ou fraudulento empregado por uma das partes ou por terceiro, com o objetivo de ludibriar o outro contratante para que este manifeste seu consentimento de maneira prejudicial à sua vontade ou ao seu patrimônio.

Entende-se por coação todo fator externo capaz de influenciar a vítima a realizar negócio jurídico contra sua vontade, mediante força física ou grave ameaça.

Salienta-se que os vícios de consentimento não podem ser presumidos, sendo imprescindível prova inequívoca de sua ocorrência.

Portanto, se o empregado expressamente solicita o seu desligamento dos quadros da empresa, mesmo que por motivo de aposentadoria e não comprovado qualquer vício na manifestação de sua vontade, impõe-se reconhecer que é sua a iniciativa de colocar fim ao contrato de trabalho e, em decorrência, eximir o empregador do pagamento das parcelas rescisórias decorrentes da despedida imotivada. Todavia, comprovado o vício de consentimento, imprescindível se faz a conversão do pedido de demissão em despedida imotivada.

Nessa esteira é o entendimento do Egrégio Tribunal Regional do Trabalho da 4ª Região:

> APOSENTADORIA ESPONTÂNEA. PEDIDO DE DESLIGAMENTO. Hipótese na qual o trabalhador assina pedido de desligamento. Ainda que aposentadoria espontânea não acarrete a extinção automática do contrato de trabalho, não impede a validade do pedido formulado. A prova de vício no consentimento compete ao reclamante que o alega. Recursos das reclamadas providos para absolvê-las da condenação em multa de 40% do FGTS e aviso-prévio.[257]

---

[256] ARAÚJO, Francisco Rossal de. *A boa-fé no contrato de emprego*. São Paulo: LTr, 1996, p. 204-205.

[257] Acórdão do processo 0238200-20.2009.5.04.0203 (RO). Redator: Denis Marcelo de Lima Molarinho. Participam: Wilson Carvalho Dias, Maria Madalena Telesca. Data: 28/07/2011. Origem: 3ª Vara do Trabalho de Canoas.

NULIDADE DO PLANO DE APOIO À APOSENTADORIA. A adesão da reclamante ao Plano de Apoio à Aposentadoria – PAA decorreu da sua manifestação livre e espontânea de vontade, após analisar as vantagens e as desvantagens decorrentes e se equipara ao pedido de demissão. Não são devidos o aviso prévio indenizado e a multa de 40% sobre o FGTS.[258]

RECURSO DA RECLAMANTE E DO RECLAMADO. FORMA DE EXTINÇÃO DO CONTRATO DE TRABALHO. PEDIDO DE DEMISSÃO OU DESPEDIDA SEM JUSTA CAUSA. APOSENTADORIA. FGTS E 40%. Quando demonstrado que houve despedida sem justa causa, e não pedido de demissão, é devido o pagamento do acréscimo de 40% do FGTS. Considere-se, ainda, que a aposentadoria não é causa de extinção do contrato de trabalho, tendo em vista a Decisão do Supremo Tribunal Federal na Ação Direta de Inconstitucionalidade nº 1.721-3.[259]

ANULAÇÃO DA RESCISÃO. CONVERSÃO EM DESPEDIDA SEM JUSTA CAUSA. A aposentadoria espontânea, por si só, não é causa de extinção do pacto laboral. Sem prova de que a iniciativa da rescisão foi do trabalhador, impõe-se a manutenção da sentença que declarou a nulidade da rescisão convertendo-a em despedida sem justa causa. Recurso desprovido.[260]

FORMA DE EXTINÇÃO DO CONTRATO DE TRABALHO. MULTA DE 40% DO FGTS E AVISO-PRÉVIO. Hipótese em que o pedido de demissão do autor decorreu de procedimento do empregador que o induziu a praticar ato que não retratava sua vontade, passando a assumir feições de renúncia, o que não se admite no Direito do Trabalho e acarreta a perda de sua validade. Tal como decidido, é devido o aviso-prévio, bem como o acréscimo de 40% relativo ao FGTS.[261]

Destarte, considerando que atualmente inexiste qualquer dispositivo legal que determine a extinção automática do vínculo empregatício, quando da concessão da aposentadoria espontânea, se o trabalhador não é o responsável pela extinção de seu contrato de trabalho, a dispensa imotivada ensejar-lhe-á o direito ao aviso prévio e à indenização de 40% sobre a totalidade dos depósitos do FGTS efetuados no curso do pacto laboral.

---

[258] Acórdão do processo 0190800-95.2009.5.04.0401 (RO). Redator: Tânia Maciel de Souza. Participam: Vania Mattos, Alexandre Corrêa da Cruz. Data: 30/06/2011. Origem: 1ª Vara do Trabalho de Caxias do Sul.

[259] Acórdão do processo 0000214-69.2011.5.04.0292 (RO). Redator: Ricardo Carvalho Fraga. Participam: Carlos Alberto Robinson, Cláudio Antônio Cassou Barbosa. Data: 09/05/2012. Origem: 2ª Vara do Trabalho de Sapucaia do Sul.

[260] Acórdão do processo 0001511-08.2010.5.04.0661 (RO). Redator: Raul Zoratto Sanvicente. Participam: Tânia Maciel de Souza, Alexandre Corrêa da Cruz. Data: 13/12/2011. Origem: 1ª Vara do Trabalho de Passo Fundo.

[261] Acórdão do processo 0238100-65.2009.5.04.0203 (RO). Redator: Tânia Maciel de Souza. Participam: Vania Mattos, Alexandre Corrêa da Cruz. Data: 18/08/2011. Origem: 3ª Vara do Trabalho de Canoas.

4.3.2. Presunção de interesse do empregado na extinção contratual nos casos de percepção de complementação de aposentadoria

Ressalta-se que quando da existência de plano de complementação de aposentadoria, deve-se analisar, no caso concreto, o interesse do empregado na ruptura contratual, tendo em vista que perceberá o mesmo *quantum* pecuniário de quando estava na ativa.

Nesse sentido, não havendo vício de consentimento, presume-se o interesse do empregado em extinguir o contrato de trabalho, não sendo devido o aviso-prévio e a indenização de 40% sobre os depósitos fundiários, por não ser hipótese de despedida imotivada.

Corroborando esse entendimento, manifesta-se a jurisprudência:

> MULTA DE 40% DO FGTS. Concedida aposentadoria por tempo de contribuição ao reclamante, com vigência a partir de 12.05.2008, e tendo o reclamante permanecido trabalhando até novembro de 2008 (aposentadoria em maio), quando pediu demissão, conclui-se que o pedido teve por escopo o recebimento de complemento de aposentadoria. Nega-se provimento ao recurso.[262]

> EXTINÇÃO DO CONTRATO POR INICIATIVA DO RECLAMANTE. VÍCIO NA MANIFESTAÇÃO. NÃO OCORRÊNCIA. Tendo o reclamante expressado intenção de extinguir o contrato, sem comprovação de qualquer vício na sua manifestação, reconhece-se ter sido de sua iniciativa o rompimento do pacto laboral. Eventual exigência de cessação do contrato para a concessão de benefício de complementação de aposentadoria não pode ser oposta como circunstância apta a invalidar o pedido de demissão por vício de consentimento. Indevida indenização compensatória de 40% do FGTS, por não ser compatível com modalidade de extinção do contrato por iniciativa do empregado. Recursos ordinários das reclamadas providos para absolvê-las da condenação.[263]

Entretanto, deve-se atentar que a presunção de interesse do empregado em extinguir o pacto laboral é relativa, devendo o julgador analisar o caso concreto, a fim de aferir a real circunstância da ruptura contratual.

---

[262] Acórdão do processo 0001314-45.2010.5.04.0017 (RO). Redator: Marçal Henri dos Santos Figueiredo. Participam: Flavio Portinho Sirangelo, Marcelo Gonçalves de Oliveira. Data: 26/10/2011. Origem: 17ª Vara do Trabalho de Porto Alegre.

[263] Acórdão do processo 0238600-37.2009.5.04.0202 (RO). Redator: Denis Marcelo De Lima Molarinho. Participam: Ana Rosa Pereira Zago Sagrilo, Maria Madalena Telesca. Data: 09/08/2011. Origem: 2ª Vara do Trabalho de Canoas.

4.4. VANTAGENS CRIADAS EM REGULAMENTO EMPRESARIAL NO REGIME ANTERIOR: INTERPRETAÇÃO DA NORMA

Preliminarmente, cumpre realçar que o poder regulamentar consiste na faculdade do empregador em elaborar normas de cunho técnico ou jurídico, de caráter especial ou geral, que irão reger e organizar a relação de emprego.[264]

Tais normas aderem ao contrato individual de trabalho como cláusula contratual, sendo vedada a posterior alteração unilateral ou por mútuo consentimento, quando tais alterações resultem em prejuízo ao empregado, conforme preceitua o artigo 468[265] do estatuto consolidado.

No mesmo sentido, a Súmula nº 51[266] do Tribunal Superior do Trabalho, em seu primeiro item, demonstra a ideia de direito adquirido sob o ponto de vista contratual, ou seja, uma vez inserida determinada cláusula no contrato de trabalho, ela não pode ser revogada ou modificada em prejuízo do trabalhador. Já o segundo item disciplina a possibilidade de o empregado optar por um regulamento da empresa, presumindo-se a renúncia aos direitos do regulamento anterior.[267]

Ressalta-se que a função primordial do Estado democrático de Direito é a pacificação social, possibilitando a convivência harmônica entre os homens, atribuindo-se a si a exclusividade na solução dos conflitos de interesses, como tentativa de realização de Justiça, realçando sobremaneira a atividade dos juízes, órgãos estatais incumbidos do exercício da jurisdição, uma vez que toda norma a ser por eles aplicada ao caso concreto, dirimindo as lides, é passível de interpretação.

Ao se buscar o significado etimológico da palavra interpretar, irá se encontrar, segundo o dicionário *Aurélio*, "ajuizar a intenção, o

---

[264] GONÇALVES, Simone Cruxên. *Limites do jus variandi do empregador*. São Paulo: LTr, 1997, p. 27.

[265] "Art. 468. Nos contratos individuais de trabalho só é lícita a alteração das respectivas condições por mútuo consentimento, e ainda assim desde que não resultem, direta ou indiretamente, prejuízos ao empregado, sob pena de nulidade da cláusula infringente desta garantia." (BRASIL, 2012b).

[266] Súmula nº 51 do TST: "NORMA REGULAMENTAR. VANTAGENS E OPÇÃO PELO NOVO REGULAMENTO. ART. 468 DA CLT (incorporada a Orientação Jurisprudencial nº 163 da SBDI-1) – Res. 129/2005, DJ 20, 22 e 25.04.2005. I – As cláusulas regulamentares, que revoguem ou alterem vantagens deferidas anteriormente, só atingirão os trabalhadores admitidos após a revogação ou alteração do regulamento. (ex-Súmula nº 51 – RA 41/1973, DJ 14.06.1973); II – Havendo a coexistência de dois regulamentos da empresa, a opção do empregado por um deles tem efeito jurídico de renúncia às regras do sistema do outro. (ex-OJ nº 163 da SBDI-1 – inserida em 26.03.1999)".

[267] MARTINS, Sergio Pinto. *Comentários às súmulas do TST*. 4. ed. São Paulo: Atlas, 2008, p. 34.

sentido de", e ainda, "explicar, explanar ou aclarar o sentido de (texto, lei, etc.)".[268]

Interpretar é, portanto, explicar, esclarecer, dar o sentido do vocábulo, atitude ou comportamento; reproduzir, por outras palavras, um pensamento exteriorizado; mostrar o verdadeiro significado de uma expressão.

Na vida jurídica, interpretar é confrontar a norma jurídica com os fatos e litígios a que tem de ser aplicada, investigando e demonstrando o exato sentido do preceito normativo, para fazê-lo corresponder às necessidades reais e atuais da sociedade. Do estudo sistemático da interpretação cuida a Hermenêutica jurídica.

Ao operador do direito, incumbe-lhe a tarefa de passar do texto abstrato ao caso concreto, da norma jurídica ao fato da vida. Sobre o assunto, Maria Helena Diniz leciona:

> A aplicação do direito é, portanto, decorrência de competência legal. O juiz aplica as normas gerais ao sentenciar; o legislador, ao editar leis, aplica a Constituição; o Poder Executivo, ao emitir decretos, aplica norma constitucional; o administrador ou funcionário público aplica sempre normas gerais ao editar atos administrativos; simples particulares aplicam norma geral ao fazer seus contratos e testamentos.[269]

A interpretação é sempre necessária. Nesse sentido Norberto Bobbio assevera:

> Um dos campos em que a interpretação mais se desenvolveu e mais se organizou é a do direito. Este é constituído por um texto ou um conjunto de textos (códigos, coleções legislativas, etc.) que exprimem a vontade da pessoa (real ou fictícia, isto é, individual ou coletiva), o legislador, que pôs as leis contidas em tais textos. A interpretação, que, segundo o positivismo jurídico, constitui a tarefa própria da jurisprudência, consiste no remontar dos signos contidos nos textos legislativos à vontade do legislador expressa através de tais signos.[270]

Sobre o tema, Cesar Zucatti Pritsch manifesta-se no sentido de que o regulamento constitui manifestação de vontade unilateral do empregador, sendo imprescindível o exame de sua intenção dentro do contexto em que foi pensado e concebido, haja vista que as vantagens alcançadas ao trabalhador por ato unilateral de vontade do empregador, através de regulamento empresarial, não podem ser distorcidas ou ampliadas.[271]

---

[268] FERREIRA, Aurélio Buarque de Holanda. *Minidicionário da língua portuguesa*. 3. ed. Rio de Janeiro: Nova Fronteira, 1993, p. 313.

[269] DINIZ, Maria Helena. *Compêndio de introdução à ciência do direito*. 8. ed. São Paulo: Saraiva, 1995, p. 374.

[270] BOBBIO, Norberto. *O positivismo jurídico*. São Paulo: Ícone, 1995, p. 213.

[271] PRITSCH, Cesar Zucatti. Aposentadoria espontânea e efeitos trabalhistas: discussões remanescentes. *Jus Navegandi*, Teresina, ano 16, n. 2859, 30 abr. 2011. Disponível em: <http://jus.com.br/revista/texto/19004>. Acesso em: 3 fev. 2012.

Este assunto vem sendo bastante debatido no Tribunal Regional do Trabalho da 4ª Região, nas ações trabalhistas do BANRISUL – Banco do Estado do Rio Grande do Sul S.A. –, em que se discute o direito à percepção do prêmio por aposentadoria previsto no regulamento de empresa, nas situações em que o empregado, após a sua aposentadoria espontânea, continua trabalhando, ou seja, não há rompimento do contrato de trabalho.

O artigo 79 do regulamento de pessoal do Banco do Estado do Rio Grande do Sul preceitua que:

> Aos empregados que se aposentarem, será concedido um prêmio especial, proporcional a sua remuneração mensal fixa, como tal definida no artigo 54, vigente na época da aposentadoria, a saber: [...]
> a) com 20 anos de serviço ao Banco, valor equivalente a uma (1) vez a sua remuneração mensal;
> b) com 25 anos de serviço ao Banco, valor equivalente a duas (2) vezes a sua remuneração mensal;
> c) com 30 anos de serviço ou mais, ao Banco, o valor equivalente a cinco (5) vezes a sua remuneração mensal.

Cumpre ressaltar que os reclamantes que postularam tal verba no Judiciário foram admitidos no banco na década de 70, época em que a legislação previdenciária exigia a extinção do contrato de trabalho para a concessão da aposentadoria.[272]

Entretanto, a jurisprudência dominante do Egrégio Tribunal Regional do Trabalho da 4ª Região tem se manifestado no sentido de que o artigo 79 do regulamento de pessoal, não vincula a necessidade da extinção do contrato de trabalho quando da aposentadoria espontânea, para a percepção do referido benefício, conforme demonstram as diversas decisões exaradas pela maioria das Colendas Turmas:

---

[272] A Lei nº 3.807/60, em seu artigo 32, instituiu o benefício da aposentadoria sem vincular sua concessão à rescisão contratual. Somente a contar de 21.11.1966, quando da inserção do § 7º ao referido artigo, foi que a legislação previdenciária vinculou a concessão do benefício da aposentadoria à extinção do vínculo empregatício eventualmente mantido pelo segurado. A Lei 5.890/73, que alterou a Lei nº 3.807, de 26 de agosto de 1960 e o Decreto-Lei nº 72, de 21 de novembro de 1966 não deixava pairar dúvidas quanto ao principal efeito da aposentadoria no contrato de emprego, qual seja, a extinção da relação jurídica existente entre empregado e empregador. Com a revogação da citada Lei 5.890/73 pela Lei 6.887/80 houve uma mudança substancial quanto a este entendimento em virtude da lei revogadora não contemplar como pressuposto para a aquisição da aposentadoria a cessação do contrato de emprego. Onze meses após, a Lei 6.887/80 foi revogada pela Lei 6.950/81 que em seu artigo 3º rezava expressamente que a aquisição da aposentadoria tinha por pressuposto a cessação do contrato de emprego. Dentro deste quadro normativo, tornou-se assente na doutrina que o principal efeito do instituto seria efetivamente o rompimento da relação contratual de emprego e que a continuidade ou retorno do labor ensejaria a formação de um novo contrato. A Constituição Federal de 1988, ao tratar da ordem social, estabeleceu as diretrizes da previdência social por meio dos artigos 201 e 202 que foram regulamentados pela Lei 8.213/91, que em seus artigos 48 e 49 dissociaram a aquisição da aposentadoria da necessidade do rompimento contratual firmado entre empregado e empregador.

RECURSO DO RECLAMADO. BANRISUL. PRÊMIO APOSENTADORIA. Caso em que o reclamante faz jus ao prêmio aposentadoria, porquanto preenche os requisitos previstos no art. 79 do Regulamento de pessoal do reclamado, no qual, aliás, inexiste qualquer disposição alusiva à modalidade de extinção contratual. Recurso do reclamado desprovido no aspecto.

PRÊMIO APOSENTADORIA. BASE DE CÁLCULO. INCLUSÃO DO ABONO DE DEDICAÇÃO INTEGRAL – ADI. Embora o Regulamento de pessoal do reclamado seja taxativo quanto às parcelas que integram o cálculo do prêmio aposentadoria (ordenado, anuênio e comissão atribuída ao cargo), o pagamento do Abono de Dedicação Integral (ADI), por força das próprias normas internas do empregador, está atrelado ao exercício do cargo em comissão, tendo sido criado, justamente, com o objetivo de corrigir distorções na escala de comissões e de evitar inversão na hierarquia funcional. Integra perfeitamente, assim, o conceito de comissão atribuída ao cargo para fins de cálculo do prêmio aposentadoria. Recurso do reclamado desprovido no tópico.[273]

RECURSO ORDINÁRIO. BANRISUL. PRÊMIO-APOSENTADORIA. Preenchidos os requisitos exigidos pelo art. 79 do Regulamento de Pessoal do Banrisul, faz jus o reclamante ao pagamento do "Prêmio Aposentadoria", vez que não há qualquer ressalva quanto à forma do término do contrato de trabalho para a obtenção do benefício. Recurso do reclamado a que se nega provimento.[274]

BANRISUL. PRÊMIO APOSENTADORIA. Hipótese em que o autor preenchia os requisitos estabelecidos na norma interna do reclamado para a percepção da vantagem (prêmio aposentadoria), ou seja, quando passou a receber aposentadoria, já contava com mais de 30 anos de serviços prestados para o Banco. O fato de o autor ter continuado trabalhando no Banco após a aposentadoria é irrelevante. Além disso, como já decidido pelo STF, na ADIn nº. 1.721-3, a aposentadoria espontânea não é causa extintiva do contrato de trabalho. Recurso provido.[275]

BANRISUL. PRÊMIO APOSENTADORIA. O direito ao pagamento do Prêmio Aposentadoria está condicionado tão somente à aposentação do empregado e ao tempo de serviço prestado ao banco, afigurando-se irrelevante o fato de o contrato de trabalho permanecer vigendo após a jubilação.[276]

PRÊMIO-APOSENTADORIA. Regulamento interno do reclamado que estabelece o pagamento de prêmio para os empregados que se aposentarem e tiverem completado

---

[273] Acórdão do processo 0000053-38.2011.5.04.0008 (RO). Redator: Wilson Carvalho Dias. Participam: Milton Varela Dutra, Emílio Papaléo Zin. Data: 15/03/2012. Origem: 8ª Vara do Trabalho de Porto Alegre.

[274] Acórdão do processo 0000239-49.2011.5.04.0012 (RO). Redator: Maria Helena Lisot. Participam: Beatriz Renck, Maria Cristina Schaan Ferreira. Data: 14/03/2012. Origem: 12ª Vara do Trabalho de Porto Alegre.

[275] Acórdão do processo 0000486-45.2011.5.04.0104 (RO). Redator: André Reverbel Fernandes. Participam: Ana Luiza Heineck Kruse, George Achutti. Data: 16/11/2011. Origem: 4ª Vara do Trabalho de Pelotas.

[276] Acórdão do processo 0000187-65.2011.5.04.0008 (RO). Redator: Cláudio Antônio Cassou Barbosa. Participam: João Alfredo Borges Antunes de Miranda, Fernando Luiz de Moura Cassal. Data: 20/10/2011. Origem: 8ª Vara do Trabalho de Porto Alegre.

mínimo de 20 anos no Banco. Inexistência de restrição quanto à forma de extinção do contrato de trabalho. Recurso não provido no aspecto.[277]

Sobre o assunto, o Tribunal Superior do Trabalho, assim tem se manifestado:

AGRAVO DE INSTRUMENTO EM RECURSO DE REVISTA. BANRISUL. PRÊMIO APOSENTADORIA. INTERPRETAÇÃO DE NORMA REGULAMENTAR. A decisão do Regional está fundamentada na interpretação de normas regulamentares do reclamado, notadamente o art. 79 do Regulamento do Pessoal. Assim, o cabimento do recurso de revista restringe-se à demonstração de divergência jurisprudencial válida, nos termos do artigo 896, alínea *b*, da CLT, o que não se configurou no presente caso. Agravo de instrumento conhecido e não provido.[278]

RECURSO DE REVISTA – PRÊMIO APOSENTADORIA. I – Segundo entendimento consagrado na Súmula nº 297 desta Corte, é necessário constar do acórdão contra o qual se recorre e se pretende desconstituir pronunciamento explícito a respeito da questão objeto de impugnação, na medida em que é impossível estabelecer discrepância legal e jurisprudencial quando não existem teses jurídicas a confrontar. II – O exame da transcrição revela não ter o Colegiado *a quo* se pronunciado sobre os preceitos tidos por violados, tampouco sobre os temas a ele subjacentes, contexto que, a teor do verbete em tela, inviabiliza o processamento da revista pelo critério do art. 896, *c*, da CLT. III – Recurso não conhecido. BASE DE CÁLCULO DO PRÊMIO APOSENTADORIA. I – Encontra-se consagrado nesta Corte, por meio da Orientação Jurisprudencial Transitória nº 7 da SBDI-1, o entendimento de que não integra a complementação de aposentadoria do Banrisul a parcela denominada – Abono de Dedicação Integral (ADI). II – Recurso conhecido e provido. INDENIZAÇÃO DE 40% DO FGTS NOS EXPURGOS INFLACIONÁRIOS DE PLANOS ECONÔMICOS. I – Verifica-se que o Regional não analisou a matéria pelo prisma sustentado pelo recorrente, bem como do art. 10, inciso I, do Ato das Disposições Constitucionais Transitórias. A tese carece do necessário prequestionamento da Súmula 297 desta Corte. II – Por outro norte, a decisão recorrida, como se vê, está em consonância com a atual, iterativa e notória jurisprudência do TST, cristalizada na Orientação Jurisprudencial nº 361 da SBDI-1 do TST: [...] III – Desse modo, sumulada a matéria, a revista encontra o óbice do § 5º do art. 896 da CLT. IV – Recurso não conhecido.[279]

Destarte, em nome da segurança jurídica, necessária se faz a interpretação da norma evitando, sempre que possível, sua rigidez natural e positivismo, visando encontrar o seu real significado dentro de seu contexto histórico, político e social. A letra da lei permanece, mas seu

---

[277] Acórdão do processo 0000395-95.2011.5.04.0025 (RO). Redator: José Felipe Ledur. Participam: Ana Luiza Heineck Kruse, Iris Lima de Moraes. Data: 28/03/2012. Origem: 25ª Vara do Trabalho de Porto Alegre.

[278] AIRR 15240-60.2009.5.04.0007, Relatora Ministra: Dora Maria da Costa, Data de Julgamento: 12/05/2010, 8ª Turma, Data de Publicação: 14/05/2010.

[279] RR 36340-53.2009.5.04.0013, Relator Ministro: Antônio José de Barros Levenhagen, Data de Julgamento: 12/05/2010, 4ª Turma, Data de Publicação: 21/05/2010.

sentido deve, sempre, adaptar-se às mudanças imputadas à sociedade, com o escopo de assegurar a justiça e o bem comum.

4.5. EMPREGADO PÚBLICO – EMPRESA PÚBLICA E SOCIEDADE DE ECONOMIA MISTA – ACUMULAÇÃO DE PROVENTOS DO INSS E REMUNERAÇÃO

Preliminarmente, cumpre salientar as lições de Hely Lopes Meirelles acerca das empresas públicas e sociedades de economia mista:

> *Empresas públicas* são pessoas jurídicas de Direito Privado, instituídas pelo Poder Público mediante autorização de lei específica, com capital exclusivamente público, para a prestação de serviço público ou a realização de atividade econômica de relevante interesse coletivo, nos moldes da iniciativa particular. [...] As *sociedades de economia mista* são pessoas jurídicas de Direito Privado, com participação do Poder Público e de particulares no seu capital e na sua administração, para a realização de atividade econômica ou serviço público outorgado pelo Estado. [grifo do autor][280]

No que respeita ao emprego público, parte respeitável da jurisprudência tem entendido de que haveria óbice à continuidade da relação de emprego após aposentadoria espontânea, haja vista a vedação constitucional à acumulação de cargos, empregos ou função pública, consubstanciando tal entendimento no artigo 37, § 10, da Constituição Federal, que assim preceitua:

> Art. 37. A administração pública direta e indireta de qualquer dos Poderes da União, dos Estados, do Distrito Federal e dos Municípios obedecerá aos princípios de legalidade, impessoalidade, moralidade, publicidade e eficiência e, também, ao seguinte: (Redação dada pela Emenda Constitucional nº 19, de 1998) [...]
>
> § 10. É vedada a percepção simultânea de proventos de aposentadoria decorrentes do art. 40,[281] ou dos arts. 42[282] e 142[283] com a remuneração de cargo, emprego ou função

---

[280] MEIRELLES, Hely Lopes. *Direito administrativo brasileiro.* 35. ed. São Paulo: Malheiros, 2009, p. 358-362.

[281] "Art. 40. Aos servidores titulares de cargos efetivos da União, dos Estados, do Distrito Federal e dos Municípios, incluídas suas autarquias e fundações, é assegurado regime de previdência de caráter contributivo e solidário, mediante contribuição do respectivo ente público, dos servidores ativos e inativos e dos pensionistas, observados critérios que preservem o equilíbrio financeiro e atuarial e o disposto neste artigo. (Redação dada pela Emenda Constitucional nº 41, 19.12.2003)" (BRASIL, 2012a).

[282] "Art. 42. Os membros das Polícias Militares e Corpos de Bombeiros Militares, instituições organizadas com base na hierarquia e disciplina, são militares dos Estados, do Distrito Federal e dos Territórios. (Redação dada pela Emenda Constitucional nº 18, de 1998)" (BRASIL, 2012a).

[283] "Art. 142. As Forças Armadas, constituídas pela Marinha, pelo Exército e pela Aeronáutica, são instituições nacionais permanentes e regulares, organizadas com base na hierarquia e na disciplina, sob a autoridade suprema do Presidente da República, e destinam-se à defesa da Pátria, à garantia dos poderes constitucionais e, por iniciativa de qualquer destes, da lei e da ordem." (BRASIL, 2012a).

pública, ressalvados os cargos acumuláveis na forma desta Constituição, os cargos eletivos e os cargos em comissão declarados em lei de livre nomeação e exoneração. (Incluído pela Emenda Constitucional nº 20, de 1998).[284]

Ressalta-se que a norma é expressa no sentido de que a acumulação de cargos ou empregos públicos, com proventos de aposentadoria, se aplica aos regimes de previdência próprios dos entes públicos, não alcançando as situações jurídicas em que a fonte de custeio dos proventos de aposentadoria decorre do regime geral da previdência social, previsto no artigo 201[285] da Constituição Federal.

Vale dizer que, por ocasião da aposentadoria, a relação jurídica mantida como segurado do Regime Geral de Previdência Social passa a ser regida às expensas do sistema atuarial financeiro gerido pelo INSS, sendo esse regime diverso da fonte de pagamento dos vencimentos do empregado público, não encontrando óbice constitucional na acumulação de proventos e salários.

Ademais, com a declaração de inconstitucionalidade do § 1º do artigo 453 do estatuto consolidado, não há se falar em extinção automática do vínculo empregatício quando da aposentadoria espontânea do empregado público. E em não havendo extinção do contrato de trabalho, desnecessária a exigência de novo concurso público.[286]

Nesse sentido, Arion Sayão Romita leciona:

Quanto ao § 1º do art. 453 da CLT, agora excluído do ordenamento jurídico brasileiro por força da decisão proferida pelo Supremo Tribunal no julgamento da ADIn 1.770 (na verdade, não chegou a integrar o ordenamento, por vício de inconstitucionalidade), deixou de ser exigido o concurso público para a permanência na atividade do empregado da empresa pública ou sociedade de economia mista, após a obtenção de aposentadoria previdenciária. Não há mais falar em exigência de concurso público para o "reingresso" no emprego, porquanto não se operou, por força da aposentadoria o término do contrato.

O contrato de trabalho só se extingue se o empregado optar pelo afastamento da atividade. Caso prefira acumular o salário e o benefício previdenciário, sua atitude é lícita, segundo a decisão proferida pelo Supremo Tribunal Federal. A norma que condicionava

---

[284] BRASIL. *Constituição da República Federativa do Brasil de 1988*. Disponível em: <http://www.planalto.gov.br/ccivil_03/constituicao/constitui%C3%A7ao.htm>. Acesso em: 3 maio 2012a.

[285] "Art. 201. A previdência social será organizada sob a forma de regime geral, de caráter contributivo e de filiação obrigatória, observados critérios que preservem o equilíbrio financeiro e atuarial, e atenderá, nos termos da lei, a: (Redação dada pela Emenda Constitucional nº 20, de 1998) [...]" (BRASIL, 2012a).

[286] Em consonância com a Súmula nº 363 do TST: CONTRATO NULO. EFEITOS (nova redação) – Res. 121/2003, DJ 19, 20 e 21.11.2003. "A contratação de servidor público, após a CF/1988, sem prévia aprovação em concurso público, encontra óbice no respectivo art. 37, II e § 2º, somente lhe conferindo direito ao pagamento da contraprestação pactuada, em relação ao número de horas trabalhadas, respeitado o valor da hora do salário mínimo, e dos valores referentes aos depósitos do FGTS".

a permanência do empregado à prestação de concurso público é inconstitucional porque, além das repercussões sociais da medida imposta pela Lei 9.528, o art. 453, § 1º, da CLT pressupõe a extinção do vínculo empregatício como consequência da aposentadoria espontânea, o que contraria a Constituição da República, segundo a jurisprudência do Supremo Tribunal Federal. Cabe, todavia, observar o limite introduzido pelo art. 37, inciso XI, da Constituição (com a nova redação dada pela Emenda nº 19): o salário da atividade e o benefício previdenciário (aposentadoria) poderão ser acumulados, mas a soma dos dois valores não poderá exceder o subsídio mensal de Ministro do Supremo Tribunal Federal.[287]

O Supremo Tribunal Federal reafirmou esse entendimento no julgamento cautelar da ADI nº 1.770, RTJ 168/128, em que o relator, Ministro Moreira Alves, ressaltou no seu voto:

Já para os que consideram que essa vedação de acumulação de remuneração de aposentadoria com remuneração da atividade só alcança os servidores públicos, não se aplicando aos empregados de empresas públicas e de sociedades de economia mista, sob o fundamento de que há diferença entre o benefício previdenciário em favor do servidor público e o devido, por força do artigo 202 da Constituição, ao empregado do setor privado, como o é o empregado de empresa pública ou de sociedade de economia mista (artigo 173, § 1º, da Carta Magna), a inconstitucionalidade do dispositivo legal em causa decorre de outro fundamento: o de que esse § 1º indiretamente pressupõe que a aposentadoria espontânea desses empregados extingue automaticamente o vínculo empregatício, o que violaria os preceitos constitucionais relativos à proteção do trabalho e à garantia à percepção dos benefícios previdenciários, alegação essa que deu margem ao deferimento de liminar na ADIN 1.721, circunstância que, por si só – fui um dos quatro votos vencidos –, é suficiente para que seja ela tida como relevante.[288]

A jurisprudência é pacífica ao corroborar os entendimentos acima firmados:

[...] A grande discussão doutrinária e jurisprudencial acerca dos efeitos da aposentadoria nos contratos de trabalho, especialmente quando não há descontinuidade do vínculo quando de sua concessão, *converge para uma definição após a decisão, pelo Supremo Tribunal Federal, que a aposentadoria, por si só, não rompe a relação empregatícia.* (Fls. 153). Ainda ressaltando o juízo eminentemente liminar, observo que a decisão reclamada invoca com fundamento a circunstância de o art. 37, § 10 da Constituição proibir a acumulação de proventos oriundos dos regimes previstos nos arts. 40, 42 e 142 com remuneração. Em situação diversa, o benefício previdenciário aplicável à interessada pautar-se-ia pela sistemática do art. 201 da Constituição, como se lê no seguinte trecho da sentença reclamada: *"Não ocorre o alegado óbice à cumulação de proventos e salário, pois o § 10 do art. 37 remete expressamente às aposentadorias previstas nos artigos 40, 42 e 142, da Constituição Federal, que não se confundem com o benefício previdenciário do Regime Geral de Previdência Social, fixado no art. 201."* (Fls. 139). Assim, e sem prejuízo de exame mais aprofundado por ocasião do julgamento de méri-

---

[287] ROMITA, Arion Sayão. Aposentadoria espontânea do empregado: efeitos sobre o contrato de trabalho. *Revista LTr,* São Paulo, v. 70. n. 12, dez. 2006, p. 1420.

[288] ADI 1.770-4 DF, Ministro Relator: Ministro Moreira Alves, Data de Julgamento: 06/11/1998, Tribunal Pleno, Data de Publicação: 14/05/1998.

to, ainda não está plenamente caracterizada a identidade entre o precedente indicado e a situação retratada na decisão reclamada. [...] [grifo nosso][289]

RECURSO DE REVISTA – APOSENTADORIA ESPONTÂNEA – PERMANÊNCIA NO EMPREGO – UNICIDADE CONTRATUAL – INDENIZAÇÃO DE 40% DO FGTS – VERBAS RESCISÓRIAS. O Supremo Tribunal Federal, no julgamento das ADIs nº 1.721-3/DF e nº 1.770-4/DF, firmou jurisprudência no sentido de que a aposentadoria espontânea não é causa de extinção do contrato de trabalho se o empregado permanece prestando serviços ao empregador após a jubilação (art. 7º, I, da Constituição da República). Em face do efeito vinculante das decisões do STF em ADI (Constituição da República, art. 102, § 2º), esta Corte encampou o entendimento da Suprema Corte, mediante a Orientação Jurisprudencial nº 361 da Subseção I Especializada em Dissídios Individuais do TST. *Assim, não produzindo a aposentadoria voluntária o efeito de extinguir o vínculo de emprego, tem-se a existência de um único contrato de trabalho, não se configurando a nulidade do período posterior à aposentadoria espontânea, por ausência do concurso público a que se referem o art. 37, inciso II, da Constituição da República e a Súmula nº 363 do TST, somente exigido quando do ingresso do servidor nos quadros da Administração Pública Direta ou Indireta.* Precedentes. Incidência da Súmula nº 333 desta Corte. Recurso de revista não conhecido. EMPREGADO DE SOCIEDADE DE ECONOMIA MISTA OU EMPRESA PÚBLICA – POSSIBILIDADE DE ACUMULAÇÃO DE PROVENTOS DO REGIME GERAL DO INSS COM A REMUNERAÇÃO DA ATIVA. *A pacífica orientação desta Corte consagra que a vedação de percepção simultânea de provento de aposentadoria pago pelo INSS com a remuneração do servidor público na ativa, contida no art. 37, § 10, da Constituição da República, não se estende aos empregados de sociedade de economia mista e de empresa pública, regidos que são pela legislação trabalhista e percebendo contraprestação de fontes diversas.* Alinho da decisão recorrida com precedentes do TST. Incidência obstativa da Súmula nº 333 do TST. Recurso de revista não conhecido. [grifo nosso][290]

RECURSO DO RECLAMANTE. APOSENTADORIA ESPONTÂNEA. ACRÉSCIMO DE 40% DO FGTS. Em decisão proferida pelo Supremo Tribunal Federal, em julgamento da ADI nº 1.721-3, foi suspensa a eficácia do § 2º do artigo 453 da CLT. Reconhecida a existência de contrato de trabalho único, é devido o pagamento do acréscimo de 40% sobre os depósitos do FGTS relativos ao período anterior à aposentadoria. Recurso provido.

RECURSO DA RECLAMADA. NULIDADE DO CONTRATO DE TRABALHO APÓS A APOSENTADORIA. AUSÊNCIA DE CONCURSO PÚBLICO. A aposentadoria voluntária não extingue o contrato de trabalho, reconhecendo-se a existência de um único contrato durante todo o período trabalhado. Prejudicada a tese da reclamada, de que a ela, na condição de sociedade de economia mista, se aplicam as disposições constantes do § 2º e inciso II do artigo 37 da Constituição Federal. Não há nulidade do contrato de

---

[289] Rcl 7733 MC SP, Ministro Relator: Joaquim Barbosa, Data de Julgamento: 30/04/2009, Data de Publicação: 08/05/2009.

[290] RR 112800-07.2009.5.10.0016, Relator Ministro: Luiz Philippe Vieira de Mello Filho, Data de Julgamento: 16/05/2012, 4ª Turma, Data de Publicação: 25/05/2012.

trabalho havido entre as partes, no que tange ao período posterior à aposentadoria. Recurso não provido.[291]

EMPREGADO PÚBLICO DE AUTARQUIA MUNICIPAL. APOSENTADORIA ESPONTÂNEA E ESTABILIDADE. A vedação a que alude o § 10 do art. 37 da CF não é com toda e qualquer aposentadoria, mas apenas aquela concedida pelo Regime Geral da Previdência Social que decorra dos arts. 40, 42 e 142 da CF, expressamente indicadas na norma constitucional. A vedação constitucional não alcança os empregados públicos aposentados pelo Regime Geral da Previdência.[292]

Ressalta-se, ainda, que a dispensa imotivada após a jubilação do empregado público ensejar-lhe-á o direito ao aviso prévio e à indenização de 40% sobre os depósitos fundiários de toda a contratualidade:

AGRAVO. AGRAVO DE INSTRUMENTO. AUSÊNCIA DA CÓPIA DA CERTIDÃO DE PUBLICAÇÃO DO ACÓRDÃO REGIONAL. DATA DE PUBLICAÇÃO CONSIGNADA NA DECISÃO DENEGATÓRIA. FALHA SUPRIDA. PROVIMENTO. 1. Constatado que o Juízo de admissibilidade *a quo* consignou expressamente a data de publicação do acórdão regional, resta suprida a ausência da peça correspondente à certidão de publicação do referido acórdão, pois plenamente possível a verificação da tempestividade do recurso de revista, no caso de provimento do agravo de instrumento, consoante o disposto na Orientação Jurisprudencial Transitória nº 18 da SBDI-1. 2. Agravo a que se dá provimento.

AGRAVO DE INSTRUMENTO. APOSENTADORIA ESPONTÂNEA. EFEITOS SOBRE O CONTRATO DE TRABALHO. ORIENTAÇÃO JURISPRUDENCIAL Nº 361 DA SBDI-1. ACUMULAÇÃO DE PROVENTOS E VENCIMENTOS. NÃO PROVIMENTO. 1. Conforme entendimento firmado por esta Corte Superior, por meio da Orientação Jurisprudencial nº 361 da SBDI-1, a aposentadoria espontânea não é causa de extinção do contrato de trabalho se o empregado permanece prestando serviços ao empregador após a jubilação, de modo que a sua dispensa imotivada enseja-lhe o direito à multa de 40% do FGTS sobre a totalidade dos depósitos efetuados no curso do pacto laboral, bem como ao aviso prévio. 2. Por outro lado, a vedação de que trata o § 10 do artigo 37 da Constituição Federal refere-se à impossibilidade de se acumularem a remuneração da ativa com os proventos de aposentadoria decorrentes dos artigos 40, 42 e 142, que são, respectivamente, aqueles do regime próprio de previdência dos servidores públicos, dos policiais militares e dos membros das forças armadas. Assim, não há proibição alguma na cumulação de proventos decorrentes do regime geral de previdência com remuneração advinda do exercício de emprego público, cargo ou função, como é o caso da reclamante. 3. Agravo de instrumento a que se nega provimento.[293]

APOSENTADORIA ESPONTÂNEA. EMPREGADO PÚBLICO CELETISTA. EXTINÇÃO DO CONTRATO DE TRABALHO. No caso, aplicável o entendimento do STF nos autos

---

[291] Acórdão do processo 0090900-48.2004.5.04.0003 (RO). Redator: Maria Helena Mallmann. Participam: Pedro Luiz Serafini, José Felipe Ledur. Data: 14/12/2006. Origem: 3ª Vara do Trabalho de Porto Alegre.

[292] Acórdão do processo 0000101-97.2011.5.04.0104 (RO). Redator: Maria Cristina Schaan Ferreira. Participam: Maria Inês Cunha Dornelles, Rejane Souza Pedra. Data: 16/11/2011. Origem: 4ª Vara do Trabalho de Pelotas.

[293] Ag-AIRR 385640-28.2007.5.12.0054, Relator Ministro: Guilherme Augusto Caputo Bastos, Data de Julgamento: 20/04/2010, 7ª Turma, Data de Publicação: 30/04/2010.

da ADI 1.721-3, no sentido de que a aposentadoria não extingue, *ipso facto*, o contrato de trabalho, sendo devido o aviso prévio e o acréscimo de 40% sobre os depósitos do FGTS de toda a contratualidade, em virtude da presumível rescisão, em razão da jubilação do empregado, por iniciativa do empregador, sem oportunizar àquele a continuidade do contrato.[294]

Em síntese, ao empregado público adotam-se as regras da iniciativa privada no que concerne à aposentadoria espontânea e seus efeitos no contrato de trabalho. Destarte, por não haver óbice à continuidade da relação de emprego após a aposentadoria espontânea, caso venha a ser extinto o vínculo empregatício, deverá ser apurado de quem partiu a iniciativa do rompimento do contrato de trabalho, para fins de estabelecimento das parcelas rescisórias que serão devidas.

4.6. SERVIDOR PÚBLICO CELETISTA – ESTABILIDADE E APOSENTADORIA ESPONTÂNEA

Inicialmente, para melhor compreensão, imprescindível se faz as lições de Di Pietro, ao explanar sobre os servidores públicos:

São servidores públicos, em sentido amplo, as pessoas físicas que prestam serviços ao Estado e às entidades da Administração Indireta, com vínculo empregatício e mediante remuneração paga pelos cofres públicos.
Compreendem:
1. os *servidores estatutários*, sujeitos ao regime estatutário e ocupantes de cargos públicos;
2. os *empregados públicos*, contratados sob o regime da legislação trabalhista e ocupantes de emprego público;
3. os servidores temporários, contratados por tempo determinado para atender à necessidade temporária de excepcional interesse público (art. 37, IX, da Constituição); eles exercem *função*, sem estarem vinculados a cargo ou emprego público. [grifo do autor][295]

O servidor público celetista é aquele cujo empregador é o próprio ente público – administração direta, autárquica e fundacional –, contratado através de concurso público ou beneficiado pela regra de transição prevista no artigo 19[296] do Ato das Disposições Constitucionais Transitórias, regido pela legislação trabalhista.

---

[294] Acórdão do processo 0000697-67.2010.5.04.0702 (RO). Redator: Fernando Luiz de Moura Cassal. Participam: Milton Varela Dutra, Denise Pacheco. Data: 07/07/2011. Origem: 2ª Vara do Trabalho de Santa Maria.

[295] DI PIETRO, Maria Sylvia Zanella. *Direito administrativo*. 13. ed. São Paulo: Atlas, 2001, p. 423-424.

[296] "Art. 19. Os servidores públicos civis da União, dos Estados, do Distrito Federal e dos Municípios, da administração direta, autárquica e das fundações públicas, em exercício na data da

A Súmula n° 390 do Tribunal Superior do Trabalho estabelece:

Súmula nº 390 do TST

ESTABILIDADE. ART. 41 DA CF/1988. CELETISTA. ADMINISTRAÇÃO DIRETA, AUTÁRQUICA OU FUNDACIONAL. APLICABILIDADE. EMPREGADO DE EMPRESA PÚBLICA E SOCIEDADE DE ECONOMIA MISTA. INAPLICÁVEL (conversão das Orientações Jurisprudenciais nºs 229 e 265 da SBDI-1 e da Orientação Jurisprudencial nº 22 da SBDI-2) – Res. 129/2005, DJ 20, 22 e 25.04.2005.

I – O servidor público celetista da administração direta, autárquica ou fundacional é beneficiário da estabilidade prevista no art. 41 da CF/1988. (ex-OJs nºs 265 da SBDI-1 – inserida em 27.09.2002 – e 22 da SBDI-2 – inserida em 20.09.2000).

II – Ao empregado de empresa pública ou de sociedade de economia mista, ainda que admitido mediante aprovação em concurso público, não é garantida a estabilidade prevista no art. 41 da CF/1988. (ex-OJ nº 229 da SBDI-1 – inserida em 20.06.2001)

Em que pese o entendimento do Tribunal Superior do Trabalho, para Sergio Pinto Martins, o artigo 41 da Constituição Federal diz respeito somente aos funcionários públicos estatutários, aduzindo, ainda que, o que confere direito à estabilidade é o regime de funcionário público, o que não é o caso do empregado público. A estabilidade se dá no cargo e não na função. Só o fato de o empregado ter direito ao FGTS já exclui a estabilidade.[297]

Assim dispõe o artigo 41 da Constituição Federal:

Art. 41. São estáveis após três anos de efetivo exercício os servidores nomeados para cargo de provimento efetivo em virtude de concurso público. (Redação dada pela Emenda Constitucional nº 19, de 1998)

§ 1º O servidor público estável só perderá o cargo: (Redação dada pela Emenda Constitucional nº 19, de 1998)

I – em virtude de sentença judicial transitada em julgado; (Incluído pela Emenda Constitucional nº 19, de 1998)

II – mediante processo administrativo em que lhe seja assegurada ampla defesa; (Incluído pela Emenda Constitucional nº 19, de 1998)

III – mediante procedimento de avaliação periódica de desempenho, na forma de lei complementar, assegurada ampla defesa. (Incluído pela Emenda Constitucional nº 19, de 1998)

§ 2º Invalidada por sentença judicial a demissão do servidor estável, será ele reintegrado, e o eventual ocupante da vaga, se estável, reconduzido ao cargo de origem, sem direito a indenização, aproveitado em outro cargo ou posto em disponibilidade com

---

promulgação da Constituição, há pelo menos cinco anos continuados, e que não tenham sido admitidos na forma regulada no art. 37, da Constituição, são considerados estáveis no serviço público. § 1º O tempo de serviço dos servidores referidos neste artigo será contado como título quando se submeterem a concurso para fins de efetivação, na forma da lei. § 2º O disposto neste artigo não se aplica aos ocupantes de cargos, funções e empregos de confiança ou em comissão, nem aos que a lei declare de livre exoneração, cujo tempo de serviço não será computado para os fins do *caput* deste artigo, exceto se se tratar de servidor. § 3º O disposto neste artigo não se aplica aos professores de nível superior, nos termos da lei." (BRASIL, 2012a).

[297] MARTINS, Sergio Pinto. *Comentários às Súmulas do TST*. 4. ed. São Paulo: Atlas, 2008, p. 293-294.

APOSENTADORIA ESPONTÂNEA
e os seus efeitos no contrato de trabalho

remuneração proporcional ao tempo de serviço. (Redação dada pela Emenda Constitucional nº 19, de 1998)

§ 3º Extinto o cargo ou declarada a sua desnecessidade, o servidor estável ficará em disponibilidade, com remuneração proporcional ao tempo de serviço, até seu adequado aproveitamento em outro cargo. (Redação dada pela Emenda Constitucional nº 19, de 1998)

§ 4º Como condição para a aquisição da estabilidade, é obrigatória a avaliação especial de desempenho por comissão instituída para essa finalidade. (Incluído pela Emenda Constitucional nº 19, de 1998)[298]

Oportuno destacar que a exigibilidade de ajuizamento de inquérito para apuração de falta grave só se justifica nas hipóteses: de estabilidade decenal; estabilidade do dirigente sindical; estabilidade do servidor público celetista não concursado que, na data da promulgação da Constituição Federal de 1988 contava com cinco anos ou mais de serviço público contínuo; estabilidade do dirigente de cooperativa; estabilidade do representante dos trabalhadores no Conselho Curador do FGTS; estabilidade do representante dos trabalhadores no Conselho Nacional da Previdência Social; estabilidade do representante dos empregados nas Comissões de Conciliação Prévia.[299]

No que concerne ao item I da Súmula 390 do Tribunal Superior do Trabalho, o entendimento é de que tal preceito diz respeito à motivação para a validade do ato da despedida do servidor público celetista concursado, sob pena de nulidade, porquanto é suficiente para romper o liame de emprego, somente o processo administrativo, observado o contraditório, na forma prevista no inciso II do § 1º do art. 41 da Constituição da República, sujeito à ação judicial por interesse da parte prejudicada.

Entretanto, há dissenso sobre este entendimento, conforme leciona Bezerra Leite:

> Malgrado a discrepância entre a Súmula 390, item I, do TST e a literalidade do art. 41 da CF, que só confere estabilidade ao servidor investido em cargo de provimento efetivo, parece-nos que se prevalecer a tese do TST, que garante a estabilidade ao servidor investido em emprego público, a sua dispensa somente será válida mediante ajuizamento, pelo empregador público, da ação de inquérito judicial para apuração de falta grave por aplicação analógica do art. 853 combinado com os arts. 494 a 499 da CLT. Há, porém, quem defenda a validade da dispensa mediante processo administrativo em que seja assegurada ampla defesa ao servidor celetista na esfera administrativa.[300]

---

[298] BRASIL. *Constituição da República Federativa do Brasil de 1988*. Disponível em: <http://www.planalto.gov.br/ccivil_03/constituicao/constitui%C3%A7ao.htm>. Acesso em: 3 maio 2012a.

[299] ZIMMER, Carolina Mayer Spina; HAINZENREDER JÚNIOR, Eugênio; GÓES, Maurício de Carvalho. *Direito do trabalho e processo do trabalho*. Porto Alegre: Sapiens, 2010, p. 350.

[300] LEITE, Carlos Henrique Bezerra. *Curso de direito processual do trabalho*. 5. ed. São Paulo: LTr, 2007, p. 1020-1021.

Considerando que o servidor público celetista estável só poderá ser despedido motivadamente e, ainda, porquanto subordinado ao Regime Geral da Previdência Social, inexiste óbice para a continuidade do vínculo empregatício quando de sua aposentadoria – haja vista que somente exerceu seu direito previdenciário de requerê-la –, sendo que seu desligamento imotivado acarretará a nulidade da despedida.

Corroborando essa assertiva, colaciona-se jurisprudência do Tribunal Superior do Trabalho:

RECURSO DE REVISTA. APOSENTADORIA ESPONTÂNEA. CONTINUIDADE DA PRESTAÇÃO DE SERVIÇO. ADMINISTRAÇÃO PÚBLICA. ESTABILIDADE. REINTE-GRAÇÃO. O entendimento desta Corte, inclusive consubstanciado na OJ nº 361 da SBDI-1 do TST, é de que a aposentadoria espontânea não é causa de extinção do contrato de trabalho. Desse modo, se a aposentadoria espontânea não extingue o contrato de trabalho, deve se concluir não ter havido o rompimento do vínculo empregatício entre as partes, mas sim a conservação do contrato de trabalho anterior, em face da unicidade contratual verificada. Assim, impõe-se, *in casu*, a reintegração da reclamante aos quadros do Município, porquanto aplicável a estabilidade prevista no art. 41 da Constituição da República. Recurso de revista a que se dá provimento.[301]

RECURSO DE REVISTA. 1. APOSENTADORIA ESPONTÂNEA. EFEITOS. CUMULA-ÇÃO DE PROVENTOS DO REGIME GERAL COM REMUNERAÇÃO DE EMPREGO PÚBLICO. POSSIBILIDADE. De acordo com jurisprudência reiterada desta Corte, a aposentadoria espontânea não é causa de extinção do contrato de trabalho (Orientação Jurisprudencial nº 361 da SBDI-1/TST). Ademais, não existe no ordenamento jurídico óbice à continuidade da prestação de serviços pelo empregado público aposentado pelo Regime Geral da Previdência Social. Incidência do artigo 896, § 4º, da CLT e da Súmula nº 333/TST. Recurso de revista não conhecido. 2. HONORÁRIOS ADVOCATÍCIOS. O Regional consignou que o reclamante anexou aos autos credencial sindical e teve deferido os benefícios da justiça gratuita em sentença. A decisão recorrida, portanto, está em consonância com a Súmula nº 219 do TST e com a OJ nº 305 da SBDI-1/TST. Recurso de revista não conhecido.[302]

AGRAVO DE INSTRUMENTO. SERVIDOR PÚBLICO CELETISTA. DEMISSÃO IMO-TIVADA. IMPOSSIBILIDADE. ITEM I DA SÚMULA Nº 390. NÃO PROVIMENTO. 1. A jurisprudência desta Corte Superior é no sentido de que o servidor público celetista da administração direta, autárquica ou fundacional não pode ser exonerado nem demitido sem inquérito ou sem as formalidades legais de apuração de sua capacidade. Incidência do item I da Súmula nº 390. 2. Agravo de instrumento a que se nega provimento.[303]

Ainda, nesse sentido, ressalta-se a jurisprudência do Tribunal Regional da 4ª Região:

---

[301] RR 44000-23.2008.5.15.0112 , Relatora Ministra: Kátia Magalhães Arruda, Data de Julgamento: 07/12/2010, 5ª Turma, Data de Publicação: 17/12/2010.

[302] RR 176500-31.2009.5.12.0038 , Relatora Ministra: Dora Maria da Costa, Data de Julgamento: 15/12/2010, 8ª Turma, Data de Publicação: 17/12/2010.

[303] IRR 121940-96.2002.5.02.0060 , Relator Ministro: Guilherme Augusto Caputo Bastos, Data de Julgamento: 05/05/2010, 7ª Turma, Data de Publicação: 14/05/2010.

Reintegração. Empregado Público Estável. Aposentadoria Voluntária. Extinção do contrato de trabalho. A aposentadoria não extingue o contrato de trabalho, uma vez que esta é o exercício de um direito subjetivo público no âmbito do Direito Previdenciário, enquanto que a terminação do contrato de emprego por iniciativa de uma das partes caracteriza o exercício de um direito potestativo no âmbito do Direito do Trabalho. Tratando-se de empregado público estável, nos termos do artigo 19 do ADCT da Constituição Federal, cabível a reintegração do autor ao emprego. Não incide a vedação estipulada no § 10º do art. 37 da Constituição Federal, pois o caso não é de acumulação remunerada de cargos ou empregos públicos, tampouco de acumulação desses cargos ou empregos com proventos de aposentadoria decorrentes do regime especial dos artigos 40, 42 e 142 da Constituição Federal, já que o reclamante é aposentado do regime geral de previdência.[304]

RECURSO ORDINÁRIO DO RECLAMADO. ESTABILIDADE NO EMPREGO. REINTEGRAÇÃO. O reclamante é detentor da estabilidade fixada no artigo 19 do ADCT, não se constituindo a aposentadoria em causa da extinção do contrato de trabalho. A alegada impossibilidade de acumular proventos não se aplica ao presente caso, pois o autor é aposentado pelo regime geral de previdência, não havendo óbice ao recebimento de proventos de aposentadoria simultaneamente ao salário percebido junto à autarquia municipal. É, pois, nulo o ato de dispensa, impondo-se a reintegração do autor ao emprego, nas mesmas condições anteriores à demissão, bem como o pagamento da remuneração desde a despedida ilegal até a efetiva reintegração. Provimento negado.[305]

EMPREGADO PÚBLICO ESTÁVEL. APOSENTADORIA RECEBIDA DO INSS E REMUNERAÇÃO PELO EXERCÍCIO DE CARGO EFETIVO. POSSIBILIDADE. NULIDADE DA DESPEDIDA. A aposentadoria recebida do INSS não caracteriza cumulação indevida de proventos com a remuneração pela ocupação de cargo público em autarquia municipal. Logo, ilegal o motivo que culminou na despedida do reclamante e a ausência de motivação a carreta a nulidade do ato, por força do que dispõe o art. 41, da CF, devendo o reclamado proceder na reintegração do autor. No caso dos autos não há afronta ao art. 37, §10, da CF.[306]

ESTABILIDADE. ART. 19 DO ADCT DA CF. SÚMULA 390 DO TST. CUMULAÇÃO DE APOSENTADORIA PREVIDENCIÁRIA COM VENCIMENTOS ORIUNDOS DA AUTARQUIA EMPREGADORA. Hipótese em que o reclamante estava ao abrigo da estabilidade, seja na forma do art. 19 do ADCT da CF, quanto do 41 da Constituição Federal, seja na esteira da Súmula 391 do TST. Inexistência de óbice à cumulação de proventos de aposentadoria e de salário, pois oriundos de fonte pagadora diversa.[307]

---

[304] Acórdão do processo 0000519-35.2011.5.04.0104 (RO). Redator: Francisco Rossal de Araújo. Participam: Lucia Ehrenbrink, Angela Rosi Almeida Chapper. Data: 17/05/2012. Origem: 4ª Vara do Trabalho de Pelotas.

[305] Acórdão do processo 0000106-31.2011.5.04.0101 (RO/REENEC). Redator: Maria da Graça Ribeiro Centeno. Participam: Flavio Portinho Sirangelo, Marcelo Gonçalves de Oliveira. Data: 16/11/2011. Origem: 1ª Vara do Trabalho de Pelotas.

[306] Acórdão do processo 0000369-54.2011.5.04.0104 (RO). Redator: Marcelo Gonçalves de Oliveira. Participam: Maria da Graça Ribeiro Centeno, Marçal Henri Dos Santos Figueiredo. Data: 14/12/2011. Origem: 4ª Vara do Trabalho de Pelotas.

[307] Acórdão do processo 0000265-65.2011.5.04.0103 (RO). Redator: Ricardo Carvalho Fraga. Participam: Luiz Alberto de Vargas, Cláudio Antônio Cassou Barbosa. Data: 21/03/2012. Origem: 3ª Vara do Trabalho de Pelotas.

APOSENTADORIA VOLUNTÁRIA E DESPEDIDA DO EMPREGADO. EXTINÇÃO DO CONTRATO DE TRABALHO. ESTABILIDADE. ART. 19 DO ADCT DA CF. SÚMULA 390 DO TST. Hipótese em que o reclamante estava ao abrigo da estabilidade, seja na forma do art. 19 do ADCT da CF, quanto do 41 da Constituição Federal, e ainda na esteira da Súmula 391 do TST. Inviabilidade de se operar a rescisão do pacto laboral por iniciativa do empregador em razão da aposentadoria espontânea, porquanto essa não se constitui em causa de extinção do contrato de trabalho.[308]

Por derradeiro, cumpre salientar a formalidade prevista no artigo 500 da Consolidação das Leis do Trabalho, no que concerne ao pedido de demissão de empregado estável, que assim expressa:

Art. 500. O pedido de demissão do empregado estável só será válido quando feito com a assistência do respectivo Sindicato e, se não o houver, perante autoridade local competente do Ministério do Trabalho e Previdência Social ou da Justiça do Trabalho.[309]

Sobre o assunto, Cesar Zucatti Pritsch pronuncia-se afirmando que, dada a renúncia à estabilidade decorrente do pedido de demissão, imprescindível o cumprimento da formalidade descrita no artigo 500 do estatuto consolidado, sob pena de presumir-se vício de consentimento – presunção relativa –, com o reconhecimento da nulidade da demissão e consequente reintegração do servidor público estável.[310]

4.7. APLICABILIDADE DO LIMITE DE 70 ANOS DE IDADE AOS SERVIDORES PÚBLICOS CELETISTAS

Considerando a premissa de que a aposentadoria espontânea não extingue o vínculo empregatício e que o servidor público celetista pode remanescer no mesmo contrato de trabalho após a sua jubilação, impende analisar a aplicabilidade da regra contida no inciso II do § 1º do artigo 40 da Constituição Federal, que assim preceitua:

Art. 40. Aos servidores titulares de cargos efetivos da União, dos Estados, do Distrito Federal e dos Municípios, incluídas suas autarquias e fundações, é assegurado regime de previdência de caráter contributivo e solidário, mediante contribuição do respectivo ente público, dos servidores ativos e inativos e dos pensionistas, observados critérios que preservem o equilíbrio financeiro e atuarial e o disposto neste artigo. (Redação dada pela Emenda Constitucional nº 41, 19.12.2003)

---

[308] Acórdão do processo 0000104-55.2011.5.04.0103 (RO). Redator: Ricardo Carvalho Fraga. Participam: Flávia Lorena Pacheco, Luiz Alberto de Vargas. Data: 23/11/2011. Origem: 3ª Vara do Trabalho de Pelotas.

[309] BRASIL. *CLT [Consolidação das leis do trabalho]* LTr: 2012: [Compilado por] Armando Casimiro Costa, Irany Ferrari [e] Melchíades Rodrigues Martins. 39. ed. São Paulo: LTr, 2012b.

[310] PRITSCH, Cesar Zucatti. Aposentadoria espontânea e efeitos trabalhistas: discussões remanescentes. *Jus Navegandi*, Teresina, ano 16, n. 2859, 30 abr. 2011. Disponível em: <http://jus.com. br/revista/texto/19004>. Acesso em: 3 fev. 2012.

§ 1º Os servidores abrangidos pelo regime de previdência de que trata este artigo serão aposentados, calculados os seus proventos a partir dos valores fixados na forma dos §§ 3º e 17: (Redação dada pela Emenda Constitucional nº 41, 19.12.2003) [...]
II – compulsoriamente, aos setenta anos de idade, com proventos proporcionais ao tempo de contribuição; (Redação dada pela Emenda Constitucional nº 20, de 15/12/98)[311]

Entende-se que a determinação de compulsoriedade para a aposentadoria aos 70 anos de idade pressupõe o limite tido como razoável pelo legislador constituinte para a renovação da força de trabalho do serviço público.

Nesse mesmo sentido, no âmbito do Regime Geral da Previdência Social, o art. 51 da Lei 8.213/91, assim dispõe:

Art. 51. A aposentadoria por idade pode ser requerida pela empresa, desde que o segurado empregado tenha cumprido o período de carência e completado 70 (setenta) anos de idade, se do sexo masculino, ou 65 (sessenta e cinco) anos, se do sexo feminino, sendo compulsória, caso em que será garantida ao empregado a indenização prevista na legislação trabalhista, considerada como data da rescisão do contrato de trabalho a imediatamente anterior à do início da aposentadoria.[312]

Portanto, cogitar-se pela impossibilidade da aposentadoria compulsória implicaria reconhecer a vitaliciedade do servidor público, o que não encontra amparo legal no ordenamento jurídico vigente, orientado pela presunção *juris et de jure*[313] de incapacidade para o serviço público do trabalhador a partir dos 70 anos.

Apoiando este entendimento, a jurisprudência assim se pronuncia:

RECURSO DE REVISTA. APOSENTADORIA COMPULSÓRIA. EXTINÇÃO DO VÍNCULO EMPREGATÍCIO. SERVIDOR PÚBLICO CELETISTA. A aposentadoria compulsória do servidor público estatutário ou do servidor regido pela CLT, inclusive os empregados dos demais entes estatais (empresas públicas, sociedades de economia mista, etc.), extingue automaticamente seu vínculo jurídico estatutário ou empregatício com a respectiva entidade estatal, por força de comando constitucional inarredável. É que a Constituição, consagrando os princípios da impessoalidade, da moralidade e da eficiência na Administração Pública (*caput* do art. 37 da CF), além da democratização ampla do acesso aos cargos, empregos e funções públicas (art. 37, I e II, da CF), proíbe, enfática e expressamente, a acumulação remunerada de tais cargos, empregos e funções públicas (art. 37, XVI e XVII, da CF), salvo restritas exceções (art. 37, XVI, *a*, *b* e *c*, e § 10, da CF). Esta proibição à acumulação estende-se, de modo expresso, à "percepção

---

[311] BRASIL. *Constituição da República Federativa do Brasil de 1988*. Disponível em: <http://www.planalto.gov.br/ccivil_03/constituicao/constitui%C3%A7ao.htm>. Acesso em: 3 maio 2012a.

[312] BRASIL. *Lei nº 8.213, de 24 de julho de 1991*. Dispõe sobre os Planos de Benefícios da Previdência Social e dá outras providências. Disponível em: <http://www.planalto.gov.br/ccivil_03/leis/L8213cons.htm>. Acesso em: 3 maio 2012k.

[313] *Juris et de jure:* De direito e por direito. O que é estabelecido pela lei e que esta considera como verdade. Presunção que não admite prova em contrário. Presunção absoluta.

simultânea de proventos de aposentadoria (...) com a remuneração de cargo, emprego ou função pública" (§ 10 do art. 37 da CF). Por decorrência lógica, para que não haja a rejeitada acumulação, não é possível a continuidade do vínculo do servidor estatutário ou do celetista tão logo consumada sua aposentadoria compulsória. Registre-se que o jubilamento compulsório após os 70 anos, hipótese dos autos, não se confunde com a aposentadoria voluntária por tempo de contribuição (antigo tempo de serviço), a qual pode ocorrer muito antes dos 70 anos, esta, sim, não importando na extinção do contrato, segundo a jurisprudência do STF. Estender regras, critérios e efeitos da modalidade voluntária de jubilação para a modalidade compulsória, em afronta a diversas regras constitucionais enfáticas, não é viável, do ponto de vista jurídico. Recurso de revista não conhecido.[314]

RECURSO DE REVISTA. EMPREGADO PÚBLICO. APOSENTADORIA COMPULSÓRIA. EFEITOS SOBRE O CONTRATO DE TRABALHO. PROVIMENTO. Ao interpretar o artigo 40 da Constituição Federal e atuando em sua função uniformizadora de jurisprudência, esta Corte Superior pacificou o entendimento de que a previsão constitucional acerca da aposentadoria compulsória se aplica ao servidor público contratado sob o regime da CLT (empregado público). Pacífico, ainda, o entendimento de que tal modalidade de aposentadoria dos empregados públicos é causa de extinção do contrato de trabalho decorrente de lei, mais especificamente o artigo 51 da Lei nº 8.213/91, não se tratando, pois, de dispensa sem justa causa. Vale dizer, ao completar 70 anos de idade o empregado público será aposentado por força de lei, independente da sua vontade ou do empregador, não podendo ser transferida a este a responsabilidade pela ruptura do contrato de trabalho, razão pela qual não há falar em pagamento de verbas rescisória, *in casu*, o aviso prévio e a multa de 40% do FGTS. Precedentes. Recurso de revista conhecido e provido.[315]

EMPREGADO PÚBLICO. ESTABILIDADE. ARTS. 41 DA CF E 19 DO ADCT. APOSENTADORIA VOLUNTÁRIA. O empregado público que contar com mais de 5 anos de serviço público na data da promulgação da CF de 1988 faz jus à estabilidade do art. 19 do ADCT, até a data em que completar 70 anos de idade, quando ocorrerá o seu afastamento compulsório, pela presunção legal *jure et de jure* de incapacidade para o trabalho.[316]

Logo, a aposentadoria compulsória do servidor público celetista deve ser perfectibilizada quando do implemento da idade de 70 anos do servidor, sendo indevidas as parcelas típicas da dispensa imotivada, como o aviso-prévio e a indenização de 40% sobre os depósitos fundiários, em razão do termo constitucional.

---

[314] RR 300-81.2009.5.15.0008, Relator Ministro: Mauricio Godinho Delgado, Data de Julgamento: 23/05/2012, 3ª Turma, Data de Publicação: 25/05/2012.

[315] RR 1599-41.2010.5.12.0041, Relator Ministro: Guilherme Augusto Caputo Bastos, Data de Julgamento: 11/04/2012, 2ª Turma, Data de Publicação: 20/04/2012.

[316] Acórdão do processo 0000100-15.2011.5.04.0104 (RO). Redator: Maria Madalena Telesca. Participam: Denis Marcelo de Lima Molarinho, Ana Rosa Pereira Zago Sagrilo. Data: 22/09/2011. Origem: 4ª Vara do Trabalho de Pelotas.

5. O trabalho como um direito personalíssimo ao envelhecimento com dignidade ou sobre porque se pode afirmar a permanência do contrato de trabalho na aposentadoria espontânea como proteção ao idoso: uma leitura civil-trabalhista-constitucionalizada

Os avanços alcançados pelo desenvolvimento científico e tecnológico nas últimas décadas, especialmente nos campos da biologia e da saúde, colocam a humanidade diante de situações que há pouco tempo pareciam inimagináveis. Tornou-se costumeira a descoberta de novos métodos investigativos, de técnicas desconhecidas, de medicamentos eficazes e de controle de doenças.

Entretanto, como refere Volnei Garrafa, se, por um lado, todas essas conquistas trazem na sua esteira renovadas esperanças de melhoria da qualidade de vida, por outro, criam uma série de contradições que necessitam ser analisadas responsavelmente com vistas ao equilíbrio e bem-estar futuro da espécie humana e da própria vida no planeta.[317]

Ou então, como diz Galimberti, todos estão convencidos de que se vive na idade da técnica, mas na facilidade com que se utilizam os instrumentos que encurtam o espaço e o tempo, amenizam a dor, tornam ineficazes as normas sobre as quais se assentam todas as morais. E assim corre-se o risco de não haver o questionamento sobre o modo de ser homem na idade da técnica, como se fosse uma obrigação estar participando dela.[318]

Pois, a partir do momento em que o homem começa a manipular as técnicas para a cura de doenças ou para a descoberta de novos

---

[317] GARRAFA, Volnei. *Iniciação à bioética*. Brasília: Conselho Federal de Medicina, 1998, p.99.

[318] GALIMBERTI, Umberto. *Psiche e techne: o homem na idade da técnica*. Tradução: José Maria de Almeida. São Paulo: Paulus, 2006, p.7.

tratamentos, também inicia um domínio sobre a própria vida, sem se saber, ainda, quais são os limites exatos em que chegará. Mais do que isso; constitui-se um desafio que tal desenvolvimento esteja ao alcance de todas as pessoas, para que possam ser beneficiadas deste progresso. Garrafa ensina que a força da ciência e da técnica está, exatamente, em apresentar-se como uma *lógica utópica de libertação que pode levar-nos a sonhar para o futuro inclusive com a imortalidade.*[319]

Uma proposta de visão moderna, que busque a análise da realidade sem enclausurá-la em esquemas jurídico-formais, requer uma funcionalização dos institutos do direito civil que responda às escolhas de fundo operadas pelos Estados contemporâneos, e, em particular, pelas suas Constituições. Para Perlingieri, trata-se de um dever do jurista, e especialmente do civilista, a releitura de todo o sistema do código e das leis especiais à luz dos princípios constitucionais e comunitários.[320]

O debate sobre a travessia do Direito Civil tradicional ao Direito Civil Contemporâneo, de 1916 a 1988, e da Constituição para o Código Civil de 2002, presentemente suscita pertinência com tema relevantes, a principiar com o de pessoa.[321] A tutela da pessoa não encontrou seu espaço adequado na doutrina tradicional, em que se pensava pessoa em termos de uma subjetividade geral e abstrata e não como um valor fundamental.

É que com o apogeu das codificações no século XIX não se deu a devida atenção às Declarações de Direitos Políticos ou aos textos constitucionais nas relações de direito privado. Vivia-se sob a égide de uma completude do Código Civil, que, como refere Tepedino, "caracteriza o processo legislativo com pretensão exclusivista, descarta a utilização de fontes heteronômicas, forjando-se um modelo de sistema fechado, autossuficiente, para o qual as Constituições, ao menos diretamente, não lhe diziam respeito".[322]

A busca pelo papel e pela função dos códigos civis nas sociedades dos séculos XIX e XX guia à vinculação entre as codificações e o modelo liberal de organização do Direito, já que refletiam os princípios e valores consagrados neste paradigma, organizados em um sistema racional, tutelando toda a vida da sociedade privada, esgotando-se o

---

[319] GARRAFA, Volnei. *Iniciação à bioética*. Brasília: Conselho Federal de Medicina, 1998, p.105.

[320] PERLINGIERI, Pietro. *O direito civil na legalidade constitucional*. Tradução: Maria Cristina de Cicco. Rio de Janeiro: Renovar, 2008, p.137.

[321] FACHIN, Luiz Edson. *Teoria crítica do direito civil*. Rio de Janeiro: Renovar, 2003, p. 81.

[322] TEPEDINO, Gustavo. O Código civil, os chamados microssistemas e a constituição: premissas para uma reforma legislativa. In: TEPEDINO, Gustavo (coord.). *Problemas de Direito Civil-Constitucional*. Rio de Janeiro: Renovar, 2000, p. 2.

fenômeno jurídico. Eis aqui a pretensão da Escola da Exegese, assinalando o fetichismo da lei[323] para as relações de direito privado.

Neste momento, que concentrava nas mãos do Estado a produção legislativa, o Direito Público e o Direito Privado constituíam, para a cultura dominante, dois ramos estanques e rigidamente compartimentados, sendo que, ao Direito Civil, as normas constitucionais não equivaleriam a nada mais do que normas políticas destinadas, via de regra, ao legislador.

As relações entre direito privado e constitucional expressam uma mudança de suas tarefas e qualidades, com marco no fim da Primeira Guerra Mundial. Primeiro, havia incomunicabilidade, agora, há complementaridade e dependência.[324] É a redefinição gradativa de um cenário que passou a exigir do legislador uma intervenção que não se restrinja à tipificação das figuras de direito privado, mas, pelo contrário, contemple uma gama de relações jurídicas que envolvem diversos ramos do Direito.

Observa-se, dessa forma, a necessidade de rompimento com aquele paradigma estanque, superando-se a chamada dicotomia entre o Público e o Privado.[325] Ao se recepcionar na Constituição temas que antes compreendiam apenas ao estatuto privado, provocam-se transformações no sistema do Direito Civil clássico, ou seja, a adaptação a uma nova realidade econômico-social, que obrigou o intérprete do Direito a repensar os valores ideologicamente consagrados no ordenamento jurídico e as influências interdisciplinares sofridas por ele nessa mutação.

Como o fenômeno social e o ordenamento jurídico são únicos, exige-se o estudo de cada um dos seus institutos tanto na perspectiva privada quanto nos aspectos publicistas, resolvendo-se a dicotomia. Mas, como pontua Perlingieri, se em uma sociedade com uma nítida distinção entre liberdade do privado e autoridade do público é possível

---

[323] TEPEDINO, Gustavo. Op. cit., p. 2.

[324] VON GHELEN, Gabriel Menna Barreto. O chamado Direito Civil-Constitucional. In: MARTINS-COSTA, Judith (org.). *A reconstrução do direito privado: reflexos dos princípios, diretrizes e direitos fundamentais constitucionais no direito privado.* São Paulo: Revista dos Tribunais, 2002, p. 184.

[325] A superação da dicotomia entre o Direito Público e o Direito Privado significa, segundo Carmem Lúcia Silveira Ramos, a retomada pelo Direito Privado de sua vocação original de direito do cidadão, em oposição ao sentido de direito burguês, voltado para a proteção de interesses individuais, que lhe foi atribuído a partir da Revolução Francesa, a cidadania deixa de ser considerada apenas uma relação política entre o indivíduo e o Estado, para se fazer presente em outros níveis e espaços sociais e econômicos, como, por exemplo, na empresa, onde, superando o poder patronal a que tradicionalmente ficava submetido o trabalhador, passa ele a ter direito de expressão, de informação, de participação. RAMOS, Carmem Lúcia Silveira. A constitucionalização do direito privado e a sociedade sem fronteiras. In: FACHIN, Luiz Edson (coord.). *Repensando fundamentos do Direito Civil brasileiro contemporâneo.* Rio de Janeiro: Renovar, 1998, p. 9.

distinguir a esfera do interesse dos particulares daquela do interesse público, em uma sociedade como a atual, torna-se árdua, se não impossível, individuar um interesse privado que seja completamente autônomo, independente e isolado do interesse chamado público.[326]

A constitucionalização do direito colocou no centro dos sistemas jurídicos contemporâneos documentos jurídicos como as Constituições que, contendo princípios éticos, devem ser interpretadas evolutivamente de acordo com o modificar-se dos valores ético-políticos no bojo da comunidade a que se refere. Neste mesmo sentido, a Constituição Federal de 1988 deve ser lida, em várias de suas normas, de acordo com um perfil solidarista, na busca de mecanismos capazes de suprir as necessidades dos cidadãos.

Resta individuar uma nova sistematização do Direito, para que haja a superação da mentalidade segundo a qual o Direito Privado é a liberdade dos particulares de cuidar dos próprios interesses, enquanto que o Direito Público oferece as estruturas e serviços sociais, a fim de permitir ao interesse privado a sua livre e efetiva realização.[327]

A superação dessa mentalidade conduziu à chamada despatrimonialização dos bens jurídicos ou do Direito Civil,[328] que vê confluir a proteção a direitos como a integridade física, nome, imagem, entre outros imanentes à esfera existencial da pessoa, em direta derivação constitucional. Insiste-se, portanto, sobre a relevância da tutela dos interesses da personalidade no Direito Privado, reconstruindo-se o Direito Civil, não com uma redução ou um aumento de tutela de situações patrimoniais, mas com uma proteção qualitativamente diversa.

O Direito Contemporâneo necessita superar a crise que pode ser atribuída à fragilidade dos pilares da modernidade, porque pautava o sujeito enquanto individualidade e autonomia, para possibilitar o respeito à diferença e aos direitos fundamentais. Nas palavras de Fachin, é *tempo, pois, de operar criticamente e "reinventar" o Direito Civil*.[329] E é assim que se inicia uma concepção de sociedade em função do homem e não o contrário. O homem se realiza nas comunidades em que atua.

---

[326] PERLINGIERI, Pietro. *O direito civil na legalidade constitucional*. Tradução: Maria Cristina de Cicco. Rio de Janeiro: Renovar, 2008, p. 143-144.

[327] Idem, p. 150.

[328] Idem, p. 121. Com este termo, individualiza-se uma tendência normativo-cultural: evidencia-se que no ordenamento fez-se uma opção, que lentamente vai se concretizando entre personalismo (superação do individualismo) e patrimonialismo (superação da patrimonialidade fim a si mesma, do produtivismo, antes, e do consumismo, depois, como valores).

[329] FACHIN, Luiz Edson. *Teoria crítica do direito civil*. Rio de Janeiro: Renovar, 2003, p. 86.

Eis que essa travessia da tutela do patrimônio para a tutela da pessoa veio consubstanciada na Constituição Federal de 1988, ao erigir no princípio da dignidade da pessoa humana um dos fundamentos da República, neste, agora, Direito Civil-Constitucional que se repersonaliza, alçando a pessoa como o principal sujeito de direito, em detrimento do patrimônio.

É neste cenário epistemológico que se forma o conceito moderno de personalidade, distinto do mero indivíduo, enquanto noção do senso comum, e da pessoa, objeto da experiência transcendental. O conceito de personalidade pretende ser um estatuto científico que abarque todas as manifestações do homem, e, por outro lado, significa a transposição do conceito metafísico de *personalitas* como a forma significada pelo nome pessoa.

Assim, torna-se impossível conceber a pessoa humana de forma absolutamente não valorativa, ou seja, somente como objeto e desligada de seu contexto histórico e cultural. Não há, de igual forma, como descrever a pessoa humana sem referência à sua experiência interna, sem sua autointerpretação, ou sem sua experiência externa, pois é justamente essa vivência que lhe é constitutiva.[330]

O que se percebe, então, é que a pessoa que vive nos dias hodiernos não é aquela pessoa codificada, porque os seus valores, desejos, a sua dignidade não encontram correspondência em uma abstração de uma figura que o sistema jurídico pretenda ter como pessoa enquanto sujeito de direito. É, em outras palavras, a mais do que urgente passagem de um sujeito virtual, representado na pessoa codificada, para um sujeito real, a pessoa gente.[331]

Ao menos reconhecida a intenção de se categorizar juridicamente a pessoa dotando-a de proteção pelo ordenamento jurídico, subsiste a indagação sobre a forma pela qual essa pessoa encontra-se tutelada, considerando a estrutura repersonalizada do Direito Privado na contemporaneidade. Pois, é no princípio constitucional da dignidade da pessoa humana que se buscará a significação para a proteção do ser, e, consequentemente, da sua personalidade, debatendo-se a possibilida-

---

[330] STANCIOLI, Brunello. Op. cit., p. 93.

[331] Meirelles define o sujeito virtual como aquele reconhecido por ter o nome de família e registro, sendo absolutamente livre para autorregulamentar seus próprios interesses, sendo a ele possível, por exemplo, contratar ou não, conforme lhe seja mais conveniente, escolhe a pessoa do outro contratante e até mesmo determinar o conteúdo contratual. Esse sujeito conceitual tem, igualmente, família constituída a partir do casamento, e tem bens suficientes para honrar os compromissos assumidos ou, eventualmente, responder pelos danos causados a outrem. Só apresenta um grave defeito: no mais das vezes, não corresponde ao sujeito real. Idem., p. 92.

de de ser a vida um direito da personalidade, mas cuja indisponibilidade seria relativizada.

Ora, já fora referido que nos Estados Democráticos o Direito Constitucional representa a gama de valores pela qual se constrói a convivência coletiva, função esta classicamente outorgada ao Direito Civil. Se ao Direito cabe o papel de transformação da realidade, de que forma se pode estabelecer o compromisso entre os valores fundamentais comuns que permitam a cada pessoa conduzir a sua vida, percorrer a sua trajetória pessoal, o seu projeto? Mais do que isso: neste cenário, como definir um conceito vago como de dignidade humana, para que seu uso não seja indiscriminado e seu sentido esvaziado.

Maria Celina Bodin de Moraes reflete no sentido de que para distinguir os seres humanos, diz-se que detêm uma substância única, uma qualidade própria comum unicamente aos humanos: uma dignidade inerente à espécie humana. A raiz da palavra dignidade provém do latim *dignus* significando aquele que merece estima e honra. Ou seja, a sua utilização correspondeu sempre a pessoas, no sentido da espécie humana como um todo, embora refira a autora que, durante a Antiguidade, não houve qualquer tipo de personificação.[332]

Este princípio, portanto, busca garantir o respeito e a proteção não apenas no sentido de se assegurar um tratamento humano e não degradante, ou o mero oferecimento de proteção à integridade psicofísica do ser humano. Significa a ruptura com um modelo que enxergava em valores individualistas o seu fundamento axiológico. Assim, o valor dignidade atinge a todos os setores da ordem jurídica, o que desvela a grande dificuldade em se delimitar os contornos hermenêuticos que este princípio detém, correndo-se o risco de atribuir-lhe apenas um sentido abstrato que impossibilite ainda mais a sua aplicação, quando o desejo é justamente o contrário.

É como leciona Sarlet ao afirmar que uma das funções exercidas pelo princípio fundamental da dignidade da pessoa humana reside no fato de ser, simultaneamente, elemento que confere unidade de sentido e legitimidade a uma determinada ordem constitucional, constituindo-se no ponto de Arquimedes do Direito Constitucional, e, embora plenamente reconhecido, há de ser exaustivamente enfatizado.[333]

---

[332] MORAES, Maria Celina Bodin de. O princípio da dignidade humana. In: Moraes, Maria Celina Bodin de (coord.). *Princípios do Direito Civil contemporâneo*. Rio de Janeiro: Renovar, 2006, p. 7.

[333] SARLET, Ingo Wolfgang. Dignidade da pessoa humana e "novos" direitos na Constituição Federal de 1988: algumas aproximações. In: MARTEL, Letícia de Campos Velho. *Estudos contemporâneos de direitos fundamentais*. Volume II. Rio de Janeiro: Lumen Juris, 2009, p. 103.

Essa concepção permite inferir que a Constituição Federal de 1988 galgou a dignidade da pessoa humana à condição de fundamento do Estado Democrático de Direito, podendo ser considerada como uma Carta Política comprometida com a realização da pessoa humana, embora nem sempre esse compromisso se desvele em ações na realidade. E, neste sentido, serve como um referencial na hierarquização axiológica inerente ao processo de criação e desenvolvimento jurisprudencial do Direito.[334]

A sua complexidade torna difícil a tarefa de estabelecer uma demarcação de todas as dimensões que compõem o conceito jurídico de dignidade da pessoa humana, o que enseja a polissemia interpretativa dada a ele na busca pelos seus fundamentos.[335]

Eis que, na verdade, o princípio da dignidade da pessoa humana constitui-se em uma cláusula geral de tutela do ser humano, que é representado pelo valor da pessoa, que deve ser tutelado sem limites, à exceção do interesse de outras pessoas humanas. Aceitar este princípio como a cláusula geral de tutela da pessoa significa inibir e reparar a conformação com tratamentos desiguais, eis que a dignidade reunifica a personalidade a ser tutelada, evitando-se o dano.

Mesmo que goze o princípio da dignidade da pessoa humana de uma edificação teórica, como diz Fachin, parte da doutrina o refuta por entender ser um conceito demasiado indeterminado e abstrato, porque se pauta em uma ideia mais ampla que engloba e exterioriza todas essas expressões que se sintetizam nela. Prossegue afirmando que se deve superar essa visão pedestre, não conectada a uma prática liberta-

---

[334] SARLET, Ingo Wolfgang. Op. cit., p. 106.

[335] Sobre isto, Maria Celina Bodin de Moraes enumera aqueles que seriam os fundamentos da dignidade da pessoa humana. Em primeiro lugar, alude que o fundamento jurídico da dignidade humana manifesta-se no princípio da igualdade, isto é, no direito de não receber qualquer tratamento discriminatório, no direito de ter direitos iguais a todos os demais, numa concepção formal de igualdade. Contudo, essa espécie de igualdade era insuficiente para atingir o fim desejado, uma vez que as pessoas não detêm idênticas condições econômicas, sociais ou psicológicas. Adotou-se, então, normativamente, uma forma de igualdade, a chamada igualdade substancial, cuja medida prevê a necessidade de tratar as pessoas, quando desiguais, em conformidade com a sua desigualdade. Ademais, a integridade psicofísica que, na esfera cível, vem garantindo numerosos direitos de personalidade, instituindo, hoje, o que se poderia chamar de um amplíssimo direito à saúde, compreendida esta como um completo bem-estar psicofísico e social. Também, a liberdade que, no sentido contemporâneo, vem marcada pela superação da dicotomia clássica entre o Direito Público e o Direito Privado, perdendo relevo as concepções que consideravam o direito subjetivo como um poder atribuído à vontade individual parca a realização de um interesse exclusivo, cabendo-lhe respeitar insignificantes limites externos, dispostos no interesse de terceiros ou da coletividade. Por fim, a solidariedade que estabelece no ordenamento um princípio jurídico inovador, a ser levado em conta não só no momento da elaboração da legislação ordinária e na execução de políticas públicas, mas também nos momentos de interpretação e aplicação do Direito por seus operadores e demais destinatários, isto é, por todos os membros da sociedade. In: MORAES, Maria Celina Bodin de. Op. cit., p. 18-45.

dora dos direitos fundamentais, erigindo-se, na seara da Filosofia do Direito, um novo paradigma jusfilosófico que contém em si a semente de razões sólidas e consubstanciadoras fundantes do caráter concreto e autoaplicável da dignidade da pessoa humana.[336] É a condição de possibilidade para a existência da vida concreta de cada ser humano.

Quando se investiga o conteúdo e o significado da dignidade da pessoa humana já se assume o compromisso com o entendimento de que tal princípio configura-se em uma norma jurídica fundamental de determinada ordem jurídica. Este aspecto, como ressalta Ingo Sarlet, é propiciado pelo amplo reconhecimento da dignidade com princípio também jurídico fundamental, verificando-se a expansão universal de uma crença na dignidade da pessoa humana, que também pode ser vinculada aos efeitos positivos de uma globalização jurídica.[337]

Ao se destacar o reconhecimento da dignidade da pessoa certamente não se está afirmando que ela existe apenas à medida que seja reconhecida pelo Direito, mas é do grau de reconhecimento e proteção outorgado à dignidade da pessoa outorgada por cada ordenamento constitucional que irá depender sua efetiva realização e promoção, o que motiva o debate sobre o seu conteúdo jurídico, ou a sua dimensão jurídica, notadamente pela força jurídica que lhe é atribuída ao ser consagrada como uma norma fundamental pelo constituinte brasileiro.

Portanto, no momento em que se afirma um direito à dignidade se está a referir um direito ao reconhecimento, ao respeito, à proteção e desenvolvimento da dignidade, falando-se, inclusive, em um direito à existência digna, e veja-se o quanto isso já pode acender luzes ao se pensar no caso da aposentadoria espontânea, sem prejuízo de outros sentidos que se possa atribuir aos direitos fundamentais relativos à dignidade da pessoa humana. Por essa razão, ainda que descrita no rol principiológico dos fundamentos da República, a dignidade da pessoa humana pode assumir as faces de uma regra jurídica. E, assim, tem-se que o princípio da dignidade da pessoa humana não diz apenas respeito ao privado ou ao público, porquanto seja um ponto de conexão entre os dois.

É por essas e outras razões que o conceito de dignidade da pessoa humana seria algo subjetivo, já que cada pessoa defenderia a sua própria concepção de dignidade, até por estar em busca dela, de modo que

---

[336] FACHIN, Luiz Edson. Direito civil e dignidade da pessoa humana. In: MELGARÉ, Plínio. FILHO, Agassiz Almeida. (org.). *Dignidade da pessoa humana: fundamentos e critérios interpretativos.* São Paulo: Malheiros, 2010, p. 108.

[337] SARLET, Ingo Wolfgang. *Dignidade da pessoa humana e direitos fundamentais na Constituição Federal de 1988.* 5.ed. revista e atualizada. Porto Alegre: Livraria do Advogado, 2007, p. 67.

essas diferentes compreensões subjetivas talvez não permitam dotar este princípio de razoável objetividade.[338]

Em uma perspectiva clássica de direitos da personalidade, De Cupis considera a personalidade como capacidade jurídica, ou seja, a susceptibilidade de ser titular de direitos e obrigações jurídicas.[339] Não se pode ser sujeito de direitos e obrigações se não houver tal susceptibilidade que reveste o sujeito da condição de pessoa. Seria a personalidade, então, uma constituição física destinada a ser revestida de direitos, assim como os direitos seriam destinados a revestir a essa configuração.

O artigo 11 do Código Civil brasileiro apresenta os direitos da personalidade como intransmissíveis e irrenunciáveis, cujo exercício não pode sofrer limitação voluntária.[340] Logo, em uma leitura contemporânea os direitos da personalidade devem ser examinados em consonância com esse Direito marcado pelo reconhecimento dos valores existenciais. Neste sentido, revolta-se o direito contra as concepções que o colocavam como mero protetor de interesses patrimoniais, para postar-se agora como protetor direto da pessoa humana.[341]

Modificada a visão dos institutos jurídicos, igualmente o olhar sobre os direitos da personalidade deve ser alterado, para que as velhas fórmulas patrimoniais não venham repetidas. A pessoa é protegida por ser um membro da sociedade, que deve ter seu desenvolvimento salvaguardado. Destarte, a visão clássica erigida em De Cupis deve ser superada porque representa uma estagnação à proteção dos direitos

---

[338] Béatrice Maurer alude que a dignidade da pessoa humana em si seria um equivalente da diferença específica entre o homem e outros seres vivos. Dessa característica essencial do homem deduz-se então o dever ético de corresponder a essa característica nas ações concretas ou estabelecer estratégias para evitar a depravação da natureza essencial do homem. MAURER, Béatrice. Notas sobre o respeito da dignidade da pessoa humana...ou pequena fuga incompleta em torno de um tema central. In: SARLET, Ingo Wolfgang (org.). *Dimensões da dignidade*: ensaios de filosofia do direito e direito constitucional. 2.ed. rev. e ampl. Porto Alegre: Livraria do Advogado, 2009, p. 131.

[339] DE CUPIS, Adriano. *Os direitos da personalidade*. Campinas: Romana Jurídica, 2004, p.19.

[340] Ainda na perspectiva de Adriano De Cupis, a intransmissibilidade reside na natureza do objeto, identifica-se com os bens mais elevados da pessoa, situados, quanto a ela, em um nexo que pode dizer-se de natureza orgânica. Por força desse nexo orgânico, o objeto é inseparável do originário sujeito: a vida, a integridade física, a honra, a liberdade, entre outros. O ordenamento jurídico não poderia consentir que o indivíduo se despojasse daqueles direitos. Pela indisponibilidade não podem os direitos da personalidade, pela sua própria natureza, mudar de sujeito, nem mesmo pela vontade de seu titular, estando subtraídos à disposição individual, tanto como a própria personalidade. E, por fim, a irrenunciabilidade pressupõe que os direitos da personalidade não podem ser eliminados pela vontade do seu titular, até pelo seu caráter de essencialidade. Idem, p. 51-60.

[341] CORTIANO JUNIOR, Eroulths. Alguns apontamentos sobre os chamados direitos da personalidade. In: FACHIN, Luiz Edson (coord.). *Repensando fundamentos do Direito Civil brasileiro contemporâneo*. Rio de Janeiro: Renovar, 1998, p. 33.

da personalidade, não solucionando a questão acerca da tipificação de tais direitos.[342]

Consagrada a proteção aos direitos da personalidade pelo ordenamento jurídico brasileiro significa que o seu não respeito desvia o fundamento de toda a ordem legal, no sentido de que sobre este aspecto se assenta o Direito repersonalizado, que se impõe como uma resposta ao dado, que não mais está preso na clausura dos fatos. Mesmo que o Direito não seja apenas o conceito de pessoa, a sua finalidade, inegavelmente, é a proteção dela.

Assim, quando o Código Civil enumera as características dos direitos da personalidade, não os dotando de qualquer maleabilidade, o faz de uma forma estática, buscando categorizar absolutamente o exercício dos direitos que são inerentes à pessoa,[343] o que equivaleria a um aprisionamento do titular de tais direitos no que se refere à proteção de sua liberdade.

Esta leitura que agrega o desenvolvimento biotecnológico com a ruptura paradigmática que enfrentou o direito privado, possui total conexão com o ramo trabalhista, ora igualmente constitucionalizado, especialmente a partir do momento em que se pretende refletir a manutenção do contrato de trabalho do empregado aposentado espontaneamente. Não é forçoso compreender que a evolução das ciências da saúde, como mencionado no início deste capítulo, tem como consequência o aumento da expectativa de vida das pessoas e da vida ativa, incluindo a laboral, daí a razão pela qual a aposentadoria espontânea não pode significar o término da possibilidade de determinada pessoa trabalhar, ou permanecer trabalhando no mesmo local que exercia suas atividades antes da aposentadoria.

O fato é que o direito do trabalho também enfrentou o fenômeno da constitucionalização, mormente quando a própria Carta de 1988 aponta um novo rumo ao reconhecer o trabalho como um dos seus fundamentos e assegurando o deve de torná-lo efetivo, com a proclamação de sua função social, tal qual permite-se pela leitura dos artigos 1º a 4º. Como refere Cláudio Brandão, não se trata de mera alteração de natureza topológica. A mudança na disposição introdutória da Constituição Federal fincou de modo definitivo a opção política em estabele-

---

[342] CORTIANO JUNIOR, Eroulths. Op. cit., 35. Para o autor, se todo o sistema jurídico gravita em torno da Constituição, tudo o que nela se contém forma e informa o direito ordinário. A ordem jurídica de uma sociedade é unitária, o que afasta a tradicional contraposição direito privado/direito público. Como consequência, afasta-se também uma eventual contraposição Direito Civil/Direito Constitucional. Assim, não se fala mais em proteção da pessoa humana pelo Direito Público e pelo Direito Privado, mas em proteção da pessoa humana pelo Direito.

[343] Idem, p. 101.

cer tratamento privilegiado ao trabalho como elemento integrante do próprio conceito de dignidade humana e fundamentador do desenvolvimento da atividade econômica, o que representou um compromisso inafastável com a valorização do ser humano e a legitimação do Estado Democrático de Direito, no qual se inserem, o trabalho enquanto valor social, a busca pela justiça social, a existência digna, a redução das desigualdades sociais, entre outros princípios.[344]

Neste sentido, é inerente à pessoa o seu atributo de dignidade, aí compreendido o empregado que venha requerer a aposentadoria espontânea, mas que permaneça em atividade, porque negar-lhe o direito à afirmação de sua personalidade pelo trabalho, é vilipendiar o sentido da dignidade da pessoa humana, enquanto norteador axiológico do ordenamento jurídico. Pelo contrário, há o mister do desenvolvimento de políticas de acesso e permanência para aqueles que já tenham atingido a idade de sessenta anos, no conceito de idoso galgado pela Lei nº 10.741, de 1º de outubro de 2003, o Estatuto do Idoso.[345] Mais do que isso, a legislação assegura que o idoso goza de todos os direitos fundamentais inerentes à pessoa humana, todas as oportunidades e facilidades, para preservação de sua saúde física e mental e seu aperfeiçoamento moral, intelectual, espiritual e social, em condições de liberdade e dignidade, sendo uma obrigação da família, da comunidade, da sociedade e do Poder Público assegurar-lhe, com absoluta prioridade, a efetivação do direito à vida, à saúde, à alimentação, à educação, à cultura, ao esporte, ao lazer, ao trabalho, à cidadania, à liberdade, à dignidade, ao respeito e à convivência familiar e comunitária, tal qual o disposto nos artigos 2º e 3º do Estatuto do Idoso.

Na nota técnica intitulada *Envelhecimento populacional, perda de capacidade laborativa e políticas públicas,* publicada pelo Ministério do Trabalho e Emprego, Camarano, Kanso e Fernandes aduzem que uma característica comum na dinâmica demográfica da grande maioria dos países do mundo é o envelhecimento de suas populações. O envelhe-

---

[344] BRANDÃO, Cláudio. Novos rumos do direito do trabalho. In: TEPEDINO, Gustavo *et al.* (coord.). *Diálogos entre o direito do trabalho e o direito civil.* São Paulo: Revista dos Tribunais, 2013, p. 39. Importa referir que o autor igualmente concebe a mudança paradigmática à configuração da dignidade humana como uma cláusula geral de tutela e proteção da pessoa humana. Segundo Brandão, cabe ao intérprete ler o novelo de direitos introduzidos pelos artigos 11 a 23 do Código Civil à luz da tutela constitucional emancipatória, na certeza de que tais diretrizes hermenêuticas, longe de apenas estabelecerem parâmetros para o legislador ordinário e para os poderes públicos, protegendo o indivíduo contra o Estado, alcançam também a atividade econômica privada, informando as relações contratuais, p. 41-42.

[345] Art. 1º. É instituído o Estatuto do Idoso, destinado a regular os direitos assegurados às pessoas com idade igual ou superior a 60 (sessenta) anos. BRASIL. Lei Federal nº 10.741, de 1º de outubro de 2003. *Dispõe sobre o Estatuto do Idoso e dá outras providências.* Disponível em: http://www.planalto.gov.br/ccivil_03/leis/2003/L10.741compilado.htm Acesso em: 26 de janeiro de 2014.

cimento da população brasileira pode ser medido pela proporção de pessoas de 60 anos ou mais no total da população. Esta aumentou de 4% em 1940 para 11% em 2010. Espera-se que este grupo etário, que era formado por 20,6 milhões de pessoas em 2010, venha a ser constituído por 57 milhões em 2040.[346]

Segundo as pesquisadoras, é reconhecido que os dois fatores responsáveis pela longevidade populacional foram desejados pela sociedade, pois foram o resultado de políticas e incentivos promovidos por ela e o Estado, ajudados pelo progresso tecnológico. Entretanto, as suas consequências têm sido vistas com preocupação, pois implicam mudanças no padrão de transferência de recursos públicos e privados.

Destarte, a preocupação deve-se à associação feita entre envelhecimento e dependência. O declínio da fecundidade acarreta, no médio e no longo prazo, uma redução da população nas idades produtivas (potenciais contribuintes e cuidadores). Já a diminuição da mortalidade nas idades avançadas resulta em um aumento no número de anos vividos pelos idosos. Assume-se que a "dependência" de qualquer grupo populacional é resultado da sua falta de capacidade de gerar renda (trabalhar) e realizar as atividades da vida diária. Esta dependência pode ser reduzida por políticas sociais, especialmente no que diz respeito à geração de renda. Assume-se que o momento (idade) em que essa "dependência" se inicia é diferenciado por grupos sociais, raciais e regiões. Para as autoras, entretanto, para a formulação de políticas públicas, a demarcação de grupos populacionais é muito importante, pois através dela, é possível focalizar recursos e garantir direitos.[347]

Ainda tomando como base as referências constatadas na nota do Ministério do Trabalho e Emprego, tem-se que na maioria dos países, os critérios de elegibilidade para a aposentadoria são a idade avançada e a invalidez. No Brasil, políticas de reposição de renda pela perda da capacidade laborativa são baseadas na invalidez constatada e na presumida, para a qual se define uma idade. Neste contexto, afirma-se que o

---

[346] CAMARANO, Ana Amélia. KANSO, Solange. FERNANDES, Daniele. Envelhecimento populacional, perda de capacidade laborativa e políticas públicas. In: IPEA. *Mercado de trabalho: conjuntura e análise*. v.54. Brasília: Ministério do Trabalho e Emprego, 2013. Disponível em: <http://www.ipea.gov.br/participacao/images/pdfs/economiasolidaria_boletimmercadodetrabalho.pdf>. Acesso em: 26 de janeiro de 2014.

[347] CAMARANO, Ana Amélia; KANSO, Solange; FERNANDES, Daniele. Envelhecimento populacional, perda de capacidade laborativa e políticas públicas. In: IPEA. *Mercado de trabalho: conjuntura e análise*. v. 54. Brasília: Ministério do Trabalho e Emprego, 2013. Disponível em: <http://www.ipea.gov.br/participacao/images/pdfs/economiasolidaria_boletimmercadodetrabalho.pdf>. Acesso em: 26 de janeiro de 2014. De acordo com as pesquisadoras, no Brasil, como na maioria dos países do mundo, políticas de reposição de renda pela perda da capacidade laborativa são baseadas na invalidez constatada e na invalidez presumida pela idade avançada.

Estado brasileiro avançou muito na estratégia de assegurar uma renda mínima para a população idosa.[348]

Estando a realidade social em constante mutação, cabe ao Direito acompanhar tal evolução. Neste sentido, uma leitura meramente formalista, a qual contemple que a aposentadoria espontânea extingue o contrato de trabalho, sem possibilidade de continuação, aduzindo-se pela celebração de um novo contrato, viola o direito a não discriminação. A discriminação é a conduta pela qual se nega à pessoa, em face de critério injustamente desqualificante, tratamento compatível com o padrão jurídico assentado para a situação concreta por ela vivenciada. A diretriz da não discriminação, segundo Maurício Godinho Delgado e Gabriela Neves Delgado, constitui princípio de proteção de resistência, denegatório de conduta que se considera gravemente censurável. Portanto, labora sobre um piso de civilidade que se considera mínimo para a convivência entre as pessoas.[349]

A permanência do contrato de trabalho, mesmo nos casos de aposentadoria espontânea, como um direito do trabalhador, que não deve ser discriminado em razão de sua idade, consagra-se em um dever inerente da própria relação de trabalho, ônus do empregador, que é a obrigação de respeitar o trabalhador como um ser humano. Como aduz Oliveira, o trabalhador não poderá ser visto como uma máquina que vende a força de trabalho. Entre empregado e empregador deverá existir respeito mútuo com vistas à individualidade e dignidade de cada um.[350]

Destarte, se há um direito fundamental ao envelhecimento com dignidade e o trabalho é uma das vertentes da dignidade, considerar a permanência do aposentado no mercado de trabalho torna-se uma nuance na concretização deste princípio fundante da ordem jurídica. À medida que o paradigma constitucional do Estado Democrático de Direito se constrói em torno da pessoa humana e da sociedade democrática torna-se imprescindível examinar qualquer tema pelo conceito

---

[348] CAMARANO, Ana Amélia; KANSO, Solange; FERNANDES, Daniele. Op. cit. Segundo os dados de pesquisa, Os principais benefícios a que esta tem direito são parte da política de seguridade social, estabelecida pela Constituição Federal (CF) de 1988, que introduziu um conceito mais inclusivo de seguridade social e aumentou a cobertura dos benefícios sociais na área rural, através de mudanças no critério de elegibilidade. A unidade beneficiária mudou do domicílio para o indivíduo. Foi estabelecido um salário mínimo como piso para os benefícios sociais, tanto na área urbana, quanto na rural.

[349] DELGADO, Maurício Godinho. DELGADO, Gabriela Neves. Constituição da república e estado democrático de direito: imperativos constitucionais convergentes sobre o direito civil e o direito do trabalho. In: TEPEDINO, Gustavo *et. al.* (coord.). *Diálogos entre o direito do trabalho e o direito civil*. São Paulo: Revista dos Tribunais, 2013, p. 66.

[350] OLIVEIRA, Francisco Antônio de. *Curso de direito do trabalho*. São Paulo: LTr, 2011, p. 539.

estruturante da Carta Magna. Mais do que nunca, direito civil e direito do trabalho estiveram tão ligados, com um firme propósito, o de defender o respeito e priorização da pessoa humana, pela subordinação do mercado econômico à pessoa e pelo controle do poder como meio de alcance de tal priorização.

6. Conclusão

Aposentar-se vem do verbo latino intransitivo *pausare*, que significa parar, cessar, descansar. Corresponde em francês, ao verbo *retirer* ou *retraiter*, com o sentido de retirar-se, recolher-se em casa; em inglês, ao verbo *to retire*: recolher-se, ir embora.

Em matéria previdenciária, a aposentadoria é um benefício de pagamento continuado da previdência social, em seus regimes geral e próprio, desde que preenchidos os requisitos para a sua concessão, podendo ser considerado o benefício mais importante.

As espécies de aposentadoria constituem prestações previdenciárias que visam a garantir a subsistência de seus beneficiários em razão de eventos que lhes diminuem ou eliminam a sua capacidade de autossustento. Portanto, as prestações previdenciárias possuem o objetivo de indenizar o beneficiário mediante prestações pecuniárias ou a realização de determinados serviços, estes com o intuito de reabilitação.

As aposentadorias consideradas espontâneas são aquelas requeridas pelo empregado como a aposentadoria por idade, por tempo de contribuição e especial, tendo em vista que a aposentadoria por invalidez e a aposentadoria compulsória requerida pelo empregador (mulher aos 65 anos de idade e homem aos 70 anos), independem da vontade do empregado.

A primeira lei em nosso país a tratar da previdência social mantida pelo Poder Público e estendida a todos os cidadãos foi a Lei Orgânica da Previdência Social (LOPS), número 3.807/60 que, em seu artigo 32, instituiu o benefício da aposentadoria sem vincular sua concessão à rescisão contratual. Somente a contar de 21.11.1966, quando da inserção do § 7º ao referido artigo, foi que a legislação previdenciária vinculou a concessão do benefício da aposentadoria à extinção do vínculo empregatício eventualmente mantido pelo segurado.

Posteriormente, a Lei nº 3.807/60 sofreu diversas alterações em que o legislador previdenciário oscilou em exigir ou não a extinção do contrato de trabalho para a concessão da aposentadoria. Entretanto, a partir da publicação da Lei nº 8.213/91, tal exigência não mais subsiste, permitindo, expressamente, que o segurado aposentado permaneça ou retorne ao exercício de suas atividades profissionais (salvo a aposentadoria especial, a qual será suspensa caso o aposentado retorne ao exercício de atividades especiais), sendo desnecessária a extinção do vínculo empregatício para a concessão do benefício de aposentadoria.

Salienta-se que quando da publicação da Consolidação das Leis do Trabalho, em 1943, não existia a previdência mantida pelo poder público nos moldes atuais, regulamentada somente para algumas categorias. Em 1966 – quando a legislação previdenciária passou a vincular a concessão da aposentadoria à extinção do contrato individual de trabalho – as empresas passaram a não readmitir os empregados jubilados, sob pena de contagem de tempo de serviço para fins de estabilidade, o que criou um grave problema social, razão pela qual, no ano de 1975, o legislador acrescentou a parte final da atual redação do artigo 453 do estatuto consolidado, excluindo a aposentadoria espontânea para fins de contagem de tempo de serviço, quando da readmissão do trabalhador.

Da interpretação histórica e contextual do artigo 453 da Consolidação das Leis do Trabalho, depreende-se que o legislador celetista limitou-se a regular a apuração do tempo de serviço do empregado, quando readmitido, protegendo-o contra dispensas arbitrárias promovidas pela empresa com o intuito único de fraudar o direito à estabilidade definitiva, então existente.

Até o final de 1996 a redação do artigo 453 era composta somente do *caput*, sendo que em janeiro de 1997 a Medida Provisória nº 1.523-3 acrescentou ao dispositivo um parágrafo único, dispondo que a aposentadoria espontânea dos empregados de empresas públicas e sociedades de economia mista acarretava a rescisão contratual automática.

Em novembro do mesmo ano, foi editada a Medida Provisória nº 1.596-14, renumerando para o § 1º o antigo parágrafo único, e acrescentando o § 2º ao referido dispositivo, com previsão de que a aposentadoria proporcional importava em extinção do contrato de trabalho.

Tais medidas provisórias foram posteriormente convertidas na Lei nº 9.528/97, mas os referidos parágrafos tiveram sua eficácia suspensa em decorrência de liminares deferidas pelo Supremo Tribunal Federal nas Ações Diretas de Inconstitucionalidade nºs 1.770-4 e 1.721-3.

No julgamento final da ADI nº 1770-4, o Ministro Joaquim Barbosa destacou ser inconstitucional o § 1º do artigo 453 celetista, quer porque permite a acumulação de proventos e vencimentos na esfera pública – vedada pela jurisprudência do Supremo Tribunal Federal –, quer porque se funda na ideia de que a aposentadoria espontânea rompe o vínculo empregatício.

Quanto à inconstitucionalidade do § 2º do artigo 453 do estatuto consolidado, o Supremo Tribunal Federal posicionou-se no sentido de que sua redação afrontava a Constituição Federal, corroborando a tese defendida pelo Ministro Ilmar Galvão quando do deferimento da liminar, ao ponderar que a relação mantida pelo segurado com a instituição previdenciária não se confunde com o vínculo empregatício, razão pela qual a concessão do benefício previdenciário da aposentadoria não deve produzir efeito sobre o contrato de trabalho.

Ressalta-se que o entendimento do Supremo Tribunal Federal pela inconstitucionalidade dos referidos parágrafos, culminou no cancelamento da Orientação Jurisprudencial nº 177 da SDI-1 do Tribunal Superior do Trabalho e a Súmula 17 do Tribunal Regional do Trabalho da 4ª Região. A edição da Orientação Jurisprudencial nº 361 da SDI-1 do Tribunal Superior do Trabalho sedimentou o entendimento de que a aposentadoria espontânea não acarreta a extinção do contrato de trabalho.

Cumpre realçar ainda, que ao exercer o controle abstrato de constitucionalidade, o Supremo Tribunal Federal esclareceu qual é o sentido constitucional a ser aplicado à regra, estando claro que a interpretação do *caput* do artigo 453 celetista deverá adaptar-se à declaração de inconstitucionalidade de seus parágrafos, sob pena de afronta ao determinado pela Corte Suprema.

A doutrina majoritária, seguindo o entendimento jurisprudencial, vem se posicionando no sentido de que a aposentadoria espontânea só irá acarretar a extinção do contrato de trabalho, se qualquer das partes da relação trabalhista se manifestar nesse sentido, atentando, pois, aos efeitos jurídicos decorrentes da modalidade de extinção perpetrada. Ressalta-se, porém, que a manifestação de vontade do empregado deve ser realizada de forma inequívoca, sob pena de presumir-se a dispensa imotivada, em razão do princípio da continuidade da relação de emprego. Defende-se, assim, a dignidade da pessoa do trabalhador aposentado, que pode e deve poder escolher se quer ou não continuar o seu vínculo de emprego, independentemente da sua aposentadoria, relação esta que se dá entre o segurado e a Previdência Social, que nada tem a ver, em princípio, com o vínculo jurídico de emprego.

Assim, considerando que atualmente inexiste qualquer dispositivo legal que determine a extinção automática do vínculo empregatício, quando da concessão da aposentadoria espontânea, se o trabalhador não é o responsável pela extinção de seu contrato de trabalho, a dispensa imotivada ensejar-lhe-á o direito ao aviso-prévio e à indenização de 40% sobre a totalidade dos depósitos do FGTS efetuados no curso do pacto laboral. Coaduna-se este atual entendimento da doutrina e da jurisprudência dominantes com o princípio da proteção (tutela) do empregado, cerne do Direito do Trabalho.

No que respeita a existência de plano de complementação de aposentadoria, deve-se analisar, no caso concreto, o interesse do empregado na ruptura contratual, tendo em vista que perceberá o mesmo *quantum* pecuniário de quando estava na ativa, sendo indevido o aviso-prévio e a indenização de 40% sobre os depósitos fundiários, por não ser hipótese de despedida imotivada.

Considerando que o regulamento de empresa constitui manifestação de vontade unilateral do empregador, imprescindível se faz o exame de sua intenção dentro do contexto em que foi pensado e concebido, haja vista que as vantagens alcançadas ao empregado por ato unilateral de vontade do empregador, através de tal instrumento, não podem ser distorcidas ou ampliadas, em nome da segurança jurídica.

Ao empregado público adotam-se as regras da iniciativa privada no que concerne à aposentadoria espontânea e seus efeitos no contrato de trabalho. Destarte, por não haver óbice à continuidade da relação de emprego após a aposentadoria espontânea, caso venha a ser extinto o vínculo empregatício, deverá ser apurado de quem partiu a iniciativa do rompimento do contrato de trabalho, para fins de parcelas rescisórias.

Ponderando que o servidor público celetista estável só poderá ser despedido motivadamente e, ainda, porquanto subordinado ao Regime Geral da Previdência Social, inexiste óbice para a continuidade do vínculo empregatício quando de sua aposentadoria – haja vista que somente exerceu seu direito previdenciário de requerê-la –, sendo que seu desligamento imotivado acarretará a nulidade da despedida.

Ainda, se o servidor público celetista estável manifestar-se pela extinção do vínculo empregatício, dada a renúncia à estabilidade, constitui pressuposto de validade do pedido de demissão a assistência do respectivo Sindicato ou, se não o houver, perante autoridade local competente do Ministério do Trabalho e Previdência Social ou da Justiça do Trabalho, formalidade descrita no artigo 500 do estatuto consolidado, sob pena de presumir-se vício de consentimento – presunção relativa –, com o reconhecimento da nulidade da demissão e consequente reintegração do servidor público estável.

Por derradeiro, no que concerne à aposentadoria compulsória do servidor público celetista, esta deverá ser perfectibilizada quando do implemento da idade de 70 anos do servidor, sendo indevidas as parcelas típicas da dispensa imotivada, como o aviso prévio e a indenização de 40% sobre os depósitos fundiários, em razão do termo constitucional.

Referências

ALMEIDA, André Luiz Paes de. *Direito do trabalho:* material, processual e legislação especial. 6. ed. São Paulo: Rideel, 2009.

ARAÚJO, Francisco Rossal de. *A boa-fé no contrato de emprego.* São Paulo: LTr, 1996.

BARACAT, Eduardo Milléo. *A boa-fé no direito individual do trabalho.* São Paulo: LTr, 2003.

BARRETO, Gláucia; ALEXANDRINO, Marcelo; PAULO, Vicente. *Direito do trabalho.* 8. ed. Rio de Janeiro: Impetus, 2006.

BARROS, Alice Monteiro de. *Curso de direito do trabalho.* 2. ed. rev. ampl. São Paulo: LTr, 2006.

——. *Curso de direito do trabalho.* 5. ed. rev. ampl. São Paulo: LTr, 2009.

BERNARDES, Hugo Gueiros. *Direito do trabalho.* São Paulo: LTr, 1989. v. 1.

BOBBIO, Norberto. *O positivismo jurídico.* São Paulo: Ícone, 1995.

BRANDÃO, Cláudio. Novos rumos do direito do trabalho. In: TEPEDINO, Gustavo *et al.* (coord,). *Diálogos entre o direito do trabalho e o direito civil.* São Paulo: Revista dos Tribunais, 2013.

BRASIL. *Constituição da República Federativa do Brasil de 1988.* Disponível em: <http://www.planalto.gov.br/ccivil_03/constituicao/constitui%C3%A7ao.htm>. Acesso em: 3 maio 2012a.

——. *CLT [Consolidação das leis do trabalho]-LTr:* 2012: [Compilado por] Armando Casimiro Costa, Irany Ferrari [e] Melchíades Rodrigues Martins. 39. ed. São Paulo: LTr, 2012b.

——. *Decreto n° 99.684, de 8 de novembro de 1990.* Consolida as normas regulamentares do Fundo de Garantia do Tempo de Serviço (FGTS). Disponível em: <http://www.planalto.gov.br/ccivil_03/decreto/D99684.htm>. Acesso em: 3 maio 2012c.

——. *Decreto-Lei n° 66, de 21 de novembro de 1966.* Altera disposições da Lei n° 3.607, de 26 de agosto de 1960, e dá outras providências. Disponível em: <http://www.planalto.gov.br/ccivil_03/Decreto-Lei/Del0066.htm>. Acesso em: 3 maio 2012d.

——. *Decreto-Lei n° 368, de 19 de dezembro de 1968.* Dispõe sobre Efeitos de Débitos Salariais e dá outras providências. Disponível em: <http://www.planalto.gov.br/ccivil_03/Decreto-Lei/Del0368.htm>. Acesso em: 3 maio 2012e.

——. *Decreto-Lei n° 3.688, de 3 de outubro de 1941.* Lei das Contravenções Penais. Disponível em: <http://www.planalto.gov.br/ccivil_03/decreto-lei/del3688.htm>. Acesso em: 3 maio 2012f.

——. *Decreto-Lei n° 5.452, de 1° de maio de 1943.* Aprova a Consolidação das Leis do Trabalho. Disponível em: <http://www.planalto.gov.br/ccivil_03/decreto-lei/del5452.htm>. Acesso em: 3 maio 2012g.

——. *Lei n° 3.807, de 26 de agosto de 1960.* Dispõe sôbre a Lei Orgânica da Previdência Social. Disponível em: <http://www.planalto.gov.br/ccivil_03/leis/1950-1969/L3807.htm>. Acesso em: 3 maio 2012h.

——. *Lei n° 6.858, de 24 de novembro de 1980.* Dispõe sobre o Pagamento, aos Dependentes ou Sucessores, de Valores Não Recebidos em Vida pelos Respectivos Titulares. Disponível em: <http://www.planalto.gov.br/ccivil_03/leis/L6858.htm>. Acesso em: 3 maio 2012i.

——. *Lei nº 8.036, de 11 de maio de 1990.* Dispõe sobre o Fundo de Garantia do Tempo de Serviço, e dá outras providências. Disponível em: <http://www.planalto.gov.br/ccivil_03/leis/L8036consol.htm>. Acesso em: 3 maio 2012j.

——. *Lei nº 8.213, de 24 de julho de 1991.* Dispõe sobre os Planos de Benefícios da Previdência Social e dá outras providências. Disponível em: <http://www.planalto.gov.br/ccivil_03/leis/L8213cons.htm>. Acesso em: 3 maio 2012k.

——. *Lei nº 9.528, de 10 de dezembro de 1997.* Altera os dispositivos das Leis nºs 8.212 e 8.213, ambas de 24 de julho de 1991, e dá outras providências. Disponível em: <http://www.planalto.gov.br/ccivil_03/Leis/L9528.htm>. Acesso em: 3 maio. 2012l.

——. *Lei nº 10.406, de 10 de janeiro de 2002.* Institui o Código Civil. Disponível em: <http://www.planalto.gov.br/ccivil_03/leis/2002/l10406.htm>. Acesso em: 3 maio. 2012m.

——. *Lei nº 10.666, de 8 de maio de 2003.* Dispõe sobre a concessão da aposentadoria especial ao cooperado de cooperativa de trabalho ou de produção e dá outras providências. Disponível em: <http://www.planalto.gov.br/ccivil_03/leis/2003/L10.666.htm>. Acesso em: 3 maio 2012n.

——. *Lei nº 11.101, de 9 de fevereiro de 2005.* Regula a recuperação judicial, a extrajudicial e a falência do empresário e da sociedade empresária. Disponível em: <http://www.planalto.gov.br/ccivil_03/_ato2004-2006/2005/lei/l11101.htm>. Acesso em: 3 maio 2012o.

——. Lei Federal nº 10.741, de 1º de outubro de 2003. *Dispõe sobre o Estatuto do Idoso e dá outras providências.* Disponível em: http://www.planalto.gov.br/ccivil_03/leis/2003/L10.741compilado.htm Acesso em: 26 de janeiro de 2014.

CAMARANO, Ana Amélia. KANSO, Solange. FERNANDES, Daniele. Envelhecimento populacional, perda de capacidade laborativa e políticas públicas. In: IPEA. *Mercado de trabalho: conjuntura e análise.* v.54. Brasília: Ministério do Trabalho e Emprego, 2013. Disponível em: http://www.ipea.gov.br/participacao/images/pdfs/economiasolidaria_boletimmercadodetrabalho.pdf. Acesso em: 26 de janeiro de 2014.

CAMINO, Carmen. *Direito individual do trabalho.* 4. ed. Porto Alegre: Síntese, 2003.

CARRION, Valentin. *Comentários à consolidação das leis do trabalho.* 27. ed. atual. e ampl. por Eduardo Carrion. São Paulo: Saraiva, 2002.

CASSAR, Vólia Bomfim. *Direito do trabalho.* 4. ed. Niterói: Impetus, 2010.

CASTRO, Carlos Alberto Pereira de; LAZZARI, João Batista. *Manual de direito previdenciário.* 8. ed. Florianópolis: Conceito Editorial, 2007.

CHAPPER, Alexei Almeida. *Polêmicas trabalhistas:* monografias vencedoras: prescrição no direito do trabalho e as modificações processuais: as consequências da declaração de inconstitucionalidade pelo STF do § 2º do art. 453 da CLT: desenvolvimento econômico e o direito do trabalho. São Paulo: LTr, 2010.

COIMBRA, José dos Reis Feijó. *Direito previdenciário brasileiro.* 11. ed. Rio de Janeiro: Edições Trabalhistas, 2001.

CORDEIRO, Antonio Manuel Menezes. *Manual de direito do trabalho.* Coimbra: Almedina, 1991.

CORTIANO JUNIOR, Eroulths. Alguns apontamentos sobre os chamados direitos da personalidade. In: FACHIN, Luiz Edson (coord.). *Repensando fundamentos do Direito Civil brasileiro contemporâneo.* Rio de Janeiro: Renovar, 1998.

DE CUPIS, Adriano. *Os direitos da personalidade.* 1.ed. Campinas: Romana Jurídica, 2004.

DELGADO, Maurício Godinho. *Curso de direito do trabalho.* 8. ed. São Paulo: LTr, 2009.

——; DELGADO, Gabriela Neves. Constituição da república e estado democrático de direito: imperativos constitucionais convergentes sobre o direito civil e o direito do trabalho. In: TEPEDINO, Gustavo *et. al.* (coord,). *Diálogos entre o direito do trabalho e o direito civil.* São Paulo: Revista dos Tribunais, 2013.

DI PIETRO, Maria Sylvia Zanella. *Direito administrativo.* 13. ed. São Paulo: Atlas, 2001.

DIAS, Eduardo Rocha; MACEDO, José Leandro Monteiro de. *Curso de direito previdenciário.* São Paulo: Método, 2008.

DINIZ, Maria Helena. *Compêndio de introdução à ciência do direito*. 8. ed. São Paulo: Saraiva, 1995.

FACHIN, Luiz Edson. Direito civil e dignidade da pessoa humana. In: MELGARÉ, Plínio. FILHO, Agassiz Almeida. (org.). *Dignidade da pessoa humana: fundamentos e critérios interpretativos*. São Paulo: Malheiros, 2010.

————. *Teoria crítica do direito civil*. Rio de Janeiro: Renovar, 2003.

FERREIRA, Aurélio Buarque de Holanda. *Minidicionário da língua portuguesa*. 3. ed. Rio de Janeiro: Nova Fronteira, 1993.

GALIMBERTI, Umberto. *Psiche e techne: o homem na idade da técnica*. Tradução: José Maria de Almeida. São Paulo: Paulus, 2006.

GARCIA, Gustavo Filipe Barbosa. *Curso de direito do trabalho*. São Paulo: Método, 2007.

GARRAFA, Volnei. *Iniciação à bioética*. Brasília: Conselho Federal de Medicina, 1998.

GIGLIO, Wagner D. *Justa causa:* teoria, prática e jurisprudência dos arts. 482 e 483 da CLT. 2 ed. São Paulo: LTr, 1985.

GOMES, Orlando; GOTTSCHALK, Elson. *Curso de direito do trabalho*. 16. ed. Rio de Janeiro: Forense, 2000.

GONÇALVES, Simone Cruxên. *Limites do jus variandi do empregador*. São Paulo: LTr, 1997.

HORVATH JÚNIOR, Miguel. *Direito previdenciário*. 6. ed. São Paulo: Quartier Latin, 2006.

IBRAHIM, Fábio Zambitte. *Curso de direito previdenciário*. 12. ed. Rio de Janeiro: Impetus, 2008.

JESUS, Damásio E. de. *Direito Penal, v. 1:* parte geral. 24. ed. rev. e atual. São Paulo: Saraiva, 2001.

JORGE NETO, Francisco Ferreira; CAVALCANTE, Jouberto de Quadros Pessoa. *Manual de direito do trabalho*. 2. ed. Rio de Janeiro: Lumen Juris, 2004.

LACERDA, Dorval. *Falta grave no direito do trabalho*. Rio de Janeiro: Edições Trabalhistas, 1964.

LAMARCA, Antonio. *Contrato individual de trabalho*. São Paulo: Revista dos Tribunais, 1969.

LEITE, Carlos Henrique Bezerra. *Curso de direito processual do trabalho*. 5. ed. São Paulo: LTr, 2007.

LEITE, Celso Barroso. Dicionário enciclopédico de previdência social. São Paulo: LTr, 1996.

MAGANO, Octávio Bueno. *Manual de direito do trabalho*. 3. ed. São Paulo: LTr, 1988. v. 2.

MARTINEZ, Luciano. *Curso de direito do trabalho*. São Paulo: Saraiva, 2010.

MARTINEZ, Wladimir Novaes. *Curso de direito previdenciário, tomo II:* previdência social. 2. ed. São Paulo: LTr, 2003.

MARTINS, Sergio Pinto. *Comentários à CLT*. 11. ed. São Paulo: Atlas, 2007.

————. *Comentários às Súmulas do TST*. 4. ed. São Paulo: Atlas, 2008.

————. *Direito do trabalho*. 19. ed. São Paulo: Atlas, 2004.

————. *Direito do trabalho*. 25. ed. São Paulo: Atlas, 2009.

————. *Manual da justa causa*. 2. ed. São Paulo: Atlas, 2006.

MAURER, Béatrice. Notas sobre o respeito da dignidade da pessoa humana...ou pequena fuga incompleta em torno de um tema central. In: SARLET, Ingo Wolfgang (org.). *Dimensões da dignidade: ensaios de filosofia do direito e direito constitucional*. 2.ed. revista e ampliada. Porto Alegre: Livraria do Advogado, 2009.

MEIRELES, Edilton. O novo código civil e o direito do trabalho. São Paulo: LTr, 2002.

MEIRELLES, Hely Lopes. *Direito administrativo brasileiro*. 35. ed. São Paulo: Malheiros, 2009.

MENDES, Gilmar Ferreira. *Jurisdição constitucional*. São Paulo: Saraiva, 1996.

MORAES, Maria Celina Bodin de. O princípio da dignidade humana. In: Moraes, Maria Celina Bodin de (coord.). *Princípios do Direito Civil contemporâneo*. Rio de Janeiro: Renovar, 2006.

MORAES FILHO, Evaristo de; MORAES, Antonio Carlos Flores de. *Introdução ao direito do trabalho*. 9. ed. São Paulo: LTr, 2003.

APOSENTADORIA ESPONTÂNEA
e os seus efeitos no contrato de trabalho

NASCIMENTO, Amauri Mascaro. *Curso de direito do trabalho:* história e teoria geral do direito do trabalho: relações individuais e coletivas do trabalho. 21. ed. rev. e atual. São Paulo: Saraiva, 2006.

———. *Iniciação ao direito do trabalho.* 32. ed. São Paulo: LTr, 2006.

OLIVEIRA, Francisco Antônio de. *Curso de direito do trabalho.* São Paulo: LTr, 2011.

PAIVA, Léa Cristina Barboza da Silva; FREITAS, Christiano Abelardo Fagundes. *Curso de direito do trabalho para o exame da OAB.* São Paulo: LTr, 2007.

PAULO, Vicente; ALEXANDRINO, MARCELO. *Resumo de direito constitucional descomplicado.* 2. ed. rev. e atual. Rio de Janeiro: Forense; São Paulo: Método, 2009.

PERLINGIERI, Pietro. *O direito civil na legalidade constitucional.* Tradução: Maria Cristina De Cicco. Rio de Janeiro: Renovar, 2008.

PINTO, José Augusto Rodrigues. *Curso de direito individual do trabalho.* São Paulo: LTr, 2000.

PRITSCH, Cesar Zucatti. Aposentadoria espontânea e efeitos trabalhistas: discussões remanescentes. *Jus Navegandi,* Teresina, ano 16, n. 2859, 30 abr. 2011. Disponível em: <http://jus.com.br/revista/texto/19004>. Acesso em: 3 fev. 2012.

RAMOS, Carmem Lúcia Silveira. A constitucionalização do direito privado e a sociedade sem fronteiras. In: FACHIN, Luiz Edson (coord.). *Repensando fundamentos do Direito Civil brasileiro contemporâneo.* Rio de Janeiro: Renovar, 1998.

ROMITA, Arion Sayão. Aposentadoria espontânea do empregado: efeitos sobre o contrato de trabalho. *Revista LTr,* São Paulo, v. 70. n. 12, dez. 2006.

RUSSOMANO, Mozart Victor; RUSSOMANO, Victor Júnior; ALVES, Geraldo Magela. *Consolidação das leis do trabalho anotada.* 5. ed. Rio de Janeiro: Forense, 2003.

SAAD, Eduardo Gabriel. *Consolidação das leis do trabalho comentada.* 42. ed. rev. atual. São Paulo: LTr, 2009.

SARAIVA, Renato. *Direito do trabalho para concursos públicos.* 12. ed. Rio de Janeiro: Forense; São Paulo: Método, 2010.

SARLET, Ingo Wolfgang. SARLET, Ingo Wolfgang. *Dignidade da pessoa humana e direitos fundamentais na Constituição Federal de 1988.* 5. ed. revista e atualizada. Porto Alegre: Livraria do Advogado, 2007.

———. Dignidade da pessoa humana e "novos" direitos na Constituição Federal de 1988: algumas aproximações. In: MARTEL, Letícia de Campos Velho. *Estudos contemporâneos de direitos fundamentais.* Volume II. Rio de Janeiro: Lumen Juris, 2009.

SCHWARZ, Rodrigo Garcia. *Curso de iniciação do direito do trabalho.* Rio de Janeiro: Elsevier, 2011.

SILVA, José Afonso da. *Curso de direito constitucional positivo.* 32. ed. rev. atual. São Paulo: Malheiros, 2009.

SUSSEKIND, Arnaldo; MARANHÃO, Délio; VIANNA, Segadas; TEIXEIRA, Lima. *Instituições de direito do trabalho.* 20. ed. atual. São Paulo: LTr, 2002.

TEPEDINO, Gustavo. O Código civil, os chamados microssistemas e a constituição: premissas para uma reforma legislativa. In: TEPEDINO, Gustavo (coord.). *Problemas de Direito Civil-Constitucional.* Rio de Janeiro: Renovar, 2000.

VON GHELEN, Gabriel Menna Barreto. O chamado Direito Civil-Constitucional. In: MARTINS-COSTA, Judith (org.). A reconstrução do direito privado: reflexos dos princípios, diretrizes e direitos fundamentais constitucionais no direito privado. São Paulo: Revista dos Tribunais, 2002.

ZIMMER, Carolina Mayer Spina; HAINZENREDER JÚNIOR, Eugênio; GÓES, Maurício de Carvalho. *Direito do trabalho e processo do trabalho.* Porto Alegre: Sapiens, 2010.